青年说中国

共青团湖南省委
◎组编

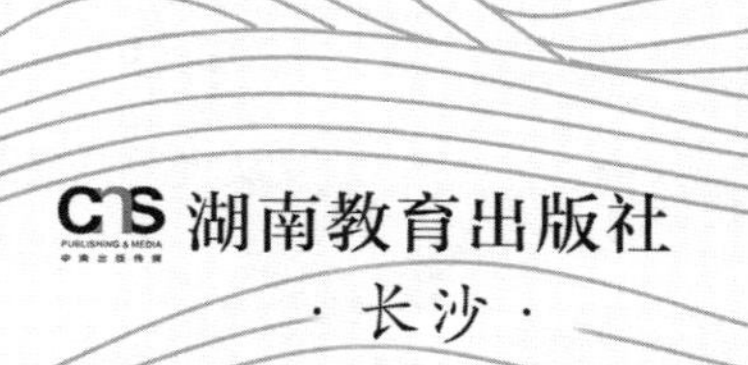
湖南教育出版社
·长沙·

未来属于青年，希望寄予青年。一百年前，一群新青年高举马克思主义思想火炬，在风雨如晦的中国苦苦探寻民族复兴的前途。一百年来，在中国共产党的旗帜下，一代代中国青年把青春奋斗融入党和人民事业，成为实现中华民族伟大复兴的先锋力量。新时代的中国青年要以实现中华民族伟大复兴为己任，增强做中国人的志气、骨气、底气，不负时代，不负韶华，不负党和人民的殷切期望！

——习近平总书记在庆祝中国共产党成立100周年大会上的讲话

编　写：

共青团湖南省委

湖南省教育厅

目录

中国青年说

伟人故里韶山

“孩儿立志出乡关，学不成名誓不还。埋骨何须桑梓地，人生无处不青山！”

这年，毛泽东17岁。他决心告别父母，走出韶山冲继续求学，以便练就救国救民的本领。在做出这个决定之前，他的足迹所及，主要在韶山冲和外婆家唐家圫。

韶山的名字起源于一个美丽的传说。五千多年前，舜帝南下巡视，来到湘江流域。在一座山上，他叫人演奏起动听的“韶乐”，竟引来凤凰起舞。

后来人们就把这座山叫作韶山，被它环抱的一块狭长的谷地便是韶山冲。1893年12月26日，毛泽东就在韶山冲的一幢农舍里诞生。

毛泽东出生时，这里的现实环境和旧中国其他贫穷且闭塞的乡村没有什么两样。父亲毛顺生，克勤克俭。母亲文素勤，淳朴善良，极富同情心，灾荒年月，经常送米给讨荒的人。父母的言传身教，使毛泽东从小就同情贫弱，乐于助人。

“六年孔夫子”开启了毛泽东的求学路，也正是因为求学读书，打开了青年毛泽东观察社会、了解世界的视窗。在十多岁时，他就发出了令人惊讶的“天问”：这些小说，为什么没有种田的农民？为什么所有的主人公都是武将、文官、书生，从来没有一个农民做主人公？后来，社会发生的许多事件叩击了他的心灵。

1910 年 4 月，正值荒年，粮价飞涨，长沙发生饥民暴动，善良的老百姓无辜被杀，毛泽东极为痛心，他开始感觉到中国不能再守着老样子不变了。几十年后，他感慨地说：这件事“影响了我的一生”。

这期间，他读到一本名叫《盛世危言》的书，书里讲社会要改良，毛泽东非常喜欢，他完全被书里所描绘的变革前景和作者的爱国热情所感染了。

1910 年秋天，17 岁的毛泽东离开韶山冲，走向外面更广阔的世界，开始了他对人生、对理想、对信仰的执着追求。这，就是 17 岁的毛泽东。

“为有牺牲多壮志，敢教日月换新天。”1959 年 6 月，毛泽东回到韶山。他目睹故乡的巨变，抚今追昔，豪情满怀，写下了著名诗篇《七律・到韶山》。

这其实并不是他 17 岁离开家之后第一次回到韶山。第一次回乡是在1921年的春节，这次回家他对弟弟毛泽民殷切嘱托："国乱民不安生，要舍家为国，走出去干点事。"此后，为了革命事业，毛泽东的6位亲人先后牺牲。可以说是一人引路，满门忠烈！

1925年2月，毛泽东带着夫人杨开慧来到韶山。这年6月，毛泽东在自家阁楼上，主持了钟志申、庞叔侃等人的入党仪式，成立了中共韶山支部，由毛福轩任支部书记。这是毛泽东在农村创建的第一个党的基层组织，支部最早的5位成员都先后为革命献出了自己的生命。这5人被称为"韶山五杰"。毛泽东和他家人深厚的家国情怀、"韶山五杰"的热血忠诚，感动了一批又一批前来韶山参观的人。

2011年3月，习近平同志来到韶山，强调"要把这些革命传统资源作为开展爱国主义和党性教育的生动教材"。党的十八大以来，习近平总书记多次引用毛泽东的诗词，激励全党全军全国各族人民不忘初心，奋勇前进。

今天的韶山，前来瞻仰的人络绎不绝。大家怀揣着对伟人、对革命先辈们无比敬仰的心情来到这里，只为更真切地感受那份真挚的家国情怀和那种不怕牺牲的革命精神。在中国特色社会主义新时代，如何理解与把握"为有牺牲多壮志，敢教日月换新天"的深刻内涵，如何传承革命先辈们心忧天下的家国情怀和不怕牺牲的革命精神，值得我们每一位青年认真思考。韶山，对我们来说，永远是心中的红色圣地。

改造中国与世界

“时机到了！世界的大潮卷得更急了！洞庭湖的闸门动了，且开了！浩浩荡荡的新思潮业已奔腾澎湃于湘江两岸了！”

1918 年 4 月 14 日，一群二十来岁的年轻人意气风发，在长沙岳麓山下的刘家台子成立了新民学会。学会会名，源于《大学》中的一句话：“大学之道，在明明德，在亲民，在止于至善。”其宗旨为“革新学术，砥砺品行，改良人心风俗”。新民学会坚持除旧布新、团结爱国青年、寻求革命出路、侧重改造社会，逐渐成为“五四”时期我国影响最大的革命团体之一。其中主要代表人物有毛泽东、蔡和森、何叔衡、向警予、李维汉、罗学瓒、张昆弟、郭亮、陈昌、蔡畅等。

新民学会自 1918 年成立到 1921 年自行停止活动，时间不足 4 年，人员由 21 人发展至近 80 人。

这期间，新民学会大力宣传马克思主义和俄国十月革命。成立了湖南俄罗斯研究会，兴办了新式学校，创立了文化书社，筹组了长沙社会主义青年团。学会会员渴望从西方寻找救国救民的真理，许多会员前往法国、新加坡等国勤工俭学。

在法国，蔡和森“猛看猛译”马克思主义，提出“明目张胆正式成立一个中国共产党”，成为提出“中国共产党”名称的第一人。毛泽东等人则留在国内，响应五四运动，开展驱逐军阀张敬尧运动和湖南人民自治运动，出版《湘江评论》等进步刊物，成立了长沙共产党早期组织。

1921年元旦，长沙大雪纷飞，积雪盈尺。潮宗街文化书社内却热气腾腾，十几位新民学会会员聚集一堂召开新年年会。经过热烈讨论，学会决定以“激烈方法的共产主义”，走俄国十月革命的道路，达到“改造中国与世界”的共同目的。新民学会为中国共产党的创建作出了思想理论的探索和干部队伍的准备，对中国的国事和命运产生了广泛的影响。在中国革命史上，被誉为“建党先声”。

同年7月，毛泽东、何叔衡代表长沙党的早期组织参加了在上海召开的中国共产党第一次全国代表大会，从此翻开“改造中国与世界”的崭新一页。1928年3月20日，由于叛徒出卖，中国共产党第一位女中央局委员向警予在武汉被捕，5月1日牺牲，年仅33岁。1928年3月28日午夜，中共湘鄂赣边特委书记郭亮在长沙英勇就义，年仅27岁。1931年8月4日，中国共产党创始人之一、中共中央政治局常委蔡和森在广州英勇就义，年仅36岁。忠于理想和信念，不少学会会员抛头颅，洒热血，为革命献出了年轻而宝贵的生命。虽然新民学会已成为历史，但其精神永恒。

新民学会中的许多会员把个人理想、青春梦想，与追求民族复兴、国家富强的美好愿景紧紧地连在了一起，谱写了一曲曲“改造中国与世界”的壮丽篇章。新民学会也因此成了“五四”时期全国最有影响的青年社团。

100 余年过去了，那群放飞梦想的青年在岳麓山下发出“改造中国与世界”的时代最强音，至今依然令人心潮澎湃。他们的优秀品质和崇高追求为我们树立了精神坐标。

党和人民的骆驼

他的一生有三怕：一怕工作少，二怕用钱多，三怕麻烦人。他说，我们都是共产党员，肩负着革命的重任，能坚持走一百步，就不该走九十九步。他就是“党和人民的骆驼”任弼时。

1904 年，任弼时出生于湖南省汨罗市唐家桥，父亲给他取名任培国。16 岁那年，他毅然放弃中学学习生活，加入俄罗斯研究会，准备前往俄国勤工俭学。

1921 年，留学苏俄临行前，他在给父亲的家书中写道：“只以人生原出谋幸福，冒险奋勇男儿事，况现今社会存亡生死亦全赖我辈青年将来造成大福家世界，同天共乐，此亦我辈青年人的希望和责任，达此便算成功。”从此，开启了他的革命道路，一往无前，不知疲倦。

什么是骆驼精神？

骆驼被誉为“沙漠之舟”，它相信沙漠的那边便是绿洲，可以连续在沙漠中一步一个脚印地行走 20 多天、1000 多公里的里程，意志坚定，任劳任怨。任弼时同样有这样一种信念，追求真理，勇挑重担，积极投身革命事业。他认定的事情，便用尽全力去维护去追随，所以党内有大量的工作他从不推脱，哪怕是小事他都兢兢业业把它做好。对党和人民的事业绝对忠诚，以钢铁般的意志和刻苦耐劳的精神，奋斗了 30 年，直到他生命的最后一刻。

有着“骆驼”品格的任弼时，在革命道路上，总是与时间赛跑。在延安时，他已患有脑血管硬化、糖尿病等疾病，中央决定让他短期休息，他却依然坚持学习、看文件、调查研究。工作到深夜，警卫人员劝他休息不成，叫来医生，他却说：“现在你们俩的任务是休息，我的任务是工作，咱们各不打扰。”

就是这样，他经常忘记自己重病缠身，坚持与周恩来一起协助毛泽东指挥全国解放战争，他的一生同中国革命的命运紧密联系在一起。1945 年，中共七届一中全会上，他与毛泽东、朱德、刘少奇、周恩来共同当选为中共中央政治局委员、书记处书记，史称“中共五大书记”。然而，就是这样一位功勋卓越的领导人，却没能在 1949 年 10 月 1 日当天，亲自登上天安门城楼，见证新中国的诞生，只能和夫人静静地守候在收音机旁，收听开国大典的实况广播。因为那时候，任弼时正饱受着病痛的折磨。

在任弼时早年的革命生涯里，有过两次被捕入狱的经历，两次都遭受了酷刑的折磨。特别是第二次被捕，敌人为了逼问出他的真实身份，对他施以了惨无人道的电刑，在他的背上烙出了两个拳头大的窟窿。被营救出狱后，他依然不顾家人、医生和战友的百般劝阻，带病坚持工作，日复一日，年复一年。

在任弼时的办公桌上，有一本日历永远地停留在 1950 年 10 月 25 日，那是他翻过的最后一页。

10 月 24 日那天，重病在身的他已经工作了一天。直到深夜，他还在查看地图，研究战局。因为明天，10 月 25 日，中国人民志愿军就要同朝鲜人民一起向美帝国主义发起首次反击。夫人心疼地劝他早点休息，他摇摇头："明天还有明天的事。"伸手把日历翻到了 10 月 25 日。

让人没想到的是，这一夜任弼时在地图上画下的，竟然是他革命生涯中的最后一笔。25 日早上，任弼时突发脑溢血，中风失语。仅仅两天后，便与世长辞，年仅 46 岁。他生前连一句遗言都没能说出口，只留下最后的那句"明天还有明天的事"。叶剑英元帅评价他说："他是我们党的骆驼，中国人民的骆驼，担负着沉重的担子，走着漫长的艰苦的道路，没有休息，没有享受，没有个人的任何计较。他是杰出的共产主义者。"

忠于党和人民，艰苦奋斗，默默奉献的骆驼精神，是任弼时的写照，更是一代共产党人的精神写照。他们激励着一代又一代的共产党员和共青团员为着心中的绿洲，脚踏实地，砥砺前行。

为苏维埃流尽最后一滴血

他是长征路上的一位红军师长。在湘江突围时，他率领着6000余名将士，担负中央红军的后卫任务。全师将士浴血奋战，以血肉之躯铸成钢铁长城，确保了红军主力突破湘江。他率余部被迫转战湘南，身负重伤被俘后，毅然断肠明志，“为苏维埃流尽最后一滴血”。牺牲时年仅29岁。他就是红三十四师师长，长沙人陈树湘。

陈树湘生平事迹陈列室位于湖南省道县梅花镇，是湖南省爱国主义教育基地。

1934年10月，中央红军8.6万余人从江西于都出发，开始漫漫长征，顺利突破蒋介石设定的三道封锁线，进入广西。由于携带的辎重太多，队伍行动缓慢，错过了在敌人主力到来之前从广西进入湖南的最佳时机，遭遇了敌人重兵设置的第四道封锁线。

1934年11月27日，中央红军在湘江上游广西境内的兴安县、全州县、灌阳县与数倍于己的国民党军展开了殊死决战，敌人从空中到地面对红军发起全线进攻。红军将士拼死抵抗，湘江两岸洒下了无数红军将士的鲜血。至12月1日下午5时，中央机关和红军总部终于渡过湘江，突破了蒋介石设置的第四道封锁线。但是，红军也为此付出了极为惨重的代价。中央红军渡过湘江后，锐减到3万余人。

红三十四师是中央红军的后卫，完成任务后，已无法过江追赶红军主力，中央要求他们退回到群众基础较好的湘南地区，开展游击战争。

师长陈树湘立即召集师团干部开会，号召大家寻找敌人兵力薄弱的地方突围出去，到湘南开展游击战争。同时他宣布：万一突围不成，誓为苏维埃流尽最后一滴血！陈树湘率领红三十四师余部边打边退，进入到湘南地区时只剩下300来人。

部队到达湖南道县泗马桥时，遭到地方保安团的截击，战士们打光了所有子弹。最后，包括政委和参谋长在内，几乎全部壮烈牺牲。师长陈树湘因身负重伤，不幸被俘。敌人为抓到一名红军师长而欣喜若狂，企图得到红军的情报。保安团长亲自安排人用担架将陈树湘抬往道县县城，想向上司邀功。陈树湘乘敌不备，咬紧牙关，用手抠出肠子，绞断自尽，实践了他“为苏维埃流尽最后一滴血”的豪迈誓言！

陈树湘牺牲后，敌人将他的头颅砍下送往长沙，国民党反动派将英雄的头颅挂在长沙小吴门城楼上示众了3天。

英雄如果九泉有知，一定能够看见1949年8月5日，中国人民解放军浩浩荡荡从小吴门进入长沙城，湖南和平解放。

2014 年 10 月，在闽西古田召开的全军政治工作会议上，习近平总书记深情讲述了陈树湘“断肠明志”的壮烈故事，他强调要“把先辈们用鲜血和生命铸就的优良传统一代代传下去”。此后，习近平总书记多次在重要场合对陈树湘烈士的英雄壮举给予高度评价。

80 多年过去了，当年血染湘江的战场已难觅遗迹，但陈树湘和红三十四师的英雄事迹却代代相传。以陈树湘为代表的红三十四师全体将士，用鲜血和生命诠释了对党和人民的绝对忠诚。他们终将名垂青史、光耀未来！

作为一名出生、成长于红色沃土的青年，我们将传承发扬陈树湘和红三十四师信念坚定、勇于奉献、坚韧不拔的革命意志，筑牢信仰之魂，补足精神之钙，走好新时代的长征路。

慷慨赴死励后人

“砍头不要紧，只要主义真。杀了夏明翰，还有后来人。”

这是夏明翰留给这个世界的最后20个字。夏明翰是湖南省衡阳县人，出身书香门第，仕宦之家。五四运动爆发后，19岁的夏明翰与进步同学一起进行爱国宣传活动。他当选为湘南学生联合会第三任总干事，主编《湘南学生联合会周刊》，表现出高昂的爱国热情和杰出的组织才干。

1920年秋，夏明翰在长沙结识了毛泽东，成为毛泽东创办的湖南自修大学的第一批学员。1921年，经毛泽东、何叔衡介绍，夏明翰加入中国共产党。1924年，夏明翰担任中共湖南省委委员，负责农委工作。他参与领导的湖南农民运动后来开展得轰轰烈烈，成为全国农民运动的模范。1926年，经毛泽东做媒，夏明翰与郑家钧结婚，婚后，夏明翰一家搬进长沙清水塘望麓园1号。1928年初，夏明翰被调往湖北省委工作。1928年3月，因叛徒出卖，夏明翰不幸被捕。在监狱里，国民党反动派用尽各种手段威逼利诱，但他丝毫不为所动。

有一次，反动派请来一位知识分子模样的长者前来劝降，夏明翰大义凛然地说道："共产党人爱国家，爱民族，爱劳苦大众，当然也爱自己的亲人，爱妻子儿女。但是，为拯救百姓于水火，为振兴民族之强盛，为后代生活之美满，我们随时准备牺牲自己的生命，这就是共产党人的大仁大义。"

在监狱里的最后时刻，夏明翰用反动派要他写"自白书"的纸和笔，分别给母亲、妻子和大姐写了一封家书。在给母亲的信中写道："亲爱的妈妈，别难过，别呜咽，别让子规啼血蒙了眼，别用泪水送儿别人间。儿女不见妈妈两鬓白，但相信你会看到我们举国的红旗飘扬在祖国的蓝天！"在给妻子的信中写道："张望眼，这人世，几家夫妻偕老有百年？抛头颅，洒热血，明翰早已视等闲……红珠留着相思念，赤云孤苦望成全，坚持革命继吾志，誓将真理传人寰！"在给大姐的信中，他坚定地说："认定了共产主义这个为人类翻身解放造幸福的真理，就刀山敢上，火海敢闯。"

3月20日，夏明翰在写下绝笔诗后英勇牺牲，年仅28岁。夏明翰牺牲后，正像他说的那样：杀了夏明翰，还有后来人！

他的五弟夏明震在领导湘南起义后不幸被捕，在郴州英勇就义，年仅21岁。他的七弟夏明霹在衡北从事地下游击斗争时落入敌手，在衡阳惨遭杀害，年纪还不到20岁。他的四妹夏明衡，在长沙被国民党反动派杀害，牺牲时年仅26岁。他的外甥邬依庄在红军攻打长沙时参军，后在与国民党军遭遇战中英勇牺牲，年仅 19 岁。他们五人，史称“夏门五烈士”。

夏门五烈士慷慨赴死时的平均年龄还不足 23 岁，风华正茂，青春正当时，但他们已用生命谱写了一首首信仰的赞歌。那是一种跨越时空，传承至今的精神信仰，激励着我们新时代的青年“高扬主义真，当好后来人”。

一门六烈荐轩辕

1921年正月初八，毛泽东对弟弟妹妹们说：“你们不要舍不得这个家,为了让千千万万人有一个好家,我们只得离开这个家。”正是“为了让千千万万人有一个好家”，毛泽东的6位亲人先后为国捐躯，英勇牺牲。

最早牺牲的是堂妹毛泽建。她跟随大哥毛泽东去长沙，先是读书，后来参加学生运动、农民运动。面对大屠杀，她拿起枪杆，成为游击队长。她在遗书中写道：“我将毙命，不足为奇……只要革命成功了，就是万死也无恨。”1929年8月，毛泽建在衡山英勇就义，未满24岁。

毛泽东的妻子杨开慧，当时已是3个孩子的母亲，在监狱里，饱受折磨，留下一句“死不足惜，惟愿润之革命早日成功”。1930年11月，杨开慧被敌人屠杀，她的生命，永远定格在29岁。

小弟毛泽覃，1934年10月，中央红军长征后，留下坚持游击战争。任中央苏区分局委员、红军独立师师长、闽赣军区司令员。次年4月，在江西瑞金红林山区突围时牺牲，时年他29岁。

大弟毛泽民离开家乡后在长沙学习，去安源、赣南闽西，参加长征，到陕北、到新疆，为党管家、理财。1942 年 9 月，被反动军阀逮捕，他大义凛然道：“逼我脱党，是在做梦！”天山见证了他的壮烈，天山安眠着他的英灵。侄儿毛楚雄，决心“继父之志，报父之仇”，“做一个改革社会的人物”。1946 年，他在跟随三五九旅代表团前往西安谈判途中，被残忍活埋，那一年，他还不到 19 岁。

当毛泽东率领着中国共产党和中国人民终于迎来新中国的诞生之时，他却把儿子毛岸英送上了抗美援朝的战场。当毛岸英牺牲的噩耗传来，毛泽东只说了句“战争嘛，总是有牺牲的”，可是他却把长子的遗物悄悄地保存了整整 26 年。

“为了让千千万万人有一个好家”，亲人们谨记着毛泽东的嘱咐，坚守着对党和人民的承诺，坚定着永远的信仰。同时，毛泽东更以他的带头实践和无畏担当，把理想与信念的火种薪火相传。

“为有牺牲多壮志，敢教日月换新天”，一门六烈荐轩辕。他正是因为有着舍小家为国家的大无畏精神，才能穿透所有的悲欢离合，升华着心灵的境界，才能带领中国共产党人建立人民当家作主的新中国。

党的十八大以来，习近平总书记多次引用毛泽东“为有牺牲多壮志，敢教日月换新天”的诗句，激励全党全军全国各族人民不忘初心，奋勇前进。新时代，如何传承毛泽东和他家人深厚的家国情怀、热血忠诚，值得我们每一位青年思考。

最后的嘱托

94年前，他写下诀别书，与挚爱的妻子永诀；93年前，她写下绝笔信，与刚满月的女儿永别！

这两封书信，一封是革命烈士陈觉牺牲前写给妻子赵云霄的，另一封是赵云霄烈士牺牲前写给襁褓中的孩子的。现在保存在中国人民革命军事博物馆，向后人宣示共产党人的大义凛然与永不屈服。

陈觉与赵云霄于1925年加入中国共产党，并于同年冬一起被党组织派往莫斯科中山大学学习。在中山大学学习期间，陈觉与赵云霄相爱，最终结为革命伴侣。

1927年9月，陈觉与赵云霄学成回国。同年11月，两人受党组织委派回到陈觉的家乡湖南醴陵，发动醴陵年关暴动，带领农民开展武装斗争。武装斗争失败后，陈觉、赵云霄被调往湖南省委机关工作，与国民党反动派进行地下斗争。

由于叛徒出卖，1928 年 9 月，怀有身孕的赵云霄在长沙被捕。10 月，陈觉在常德被捕。面对敌人的酷刑和威逼利诱，陈觉大义凛然，不为所动，于 1928 年 10 月 14 日被反动派杀害，年仅 21 岁。

牺牲前 3 天，陈觉给革命伴侣、心爱的妻子写了最后一封信。

云霄，我的爱妻：

这是我给你的最后的信了，我即日便要被处死了，你已有身，不可因我的死而过于悲伤……你也迟早不免于死，我已请求父亲把我俩合葬……“在天愿为比翼鸟，在地愿为并蒂莲，夫妻恩爱永，世世缔良缘。”……前日父亲来时我还活着，而他日来时，只能看到他的爱儿的尸体了。我想起了我死后父母的悲伤，我也不觉流泪了。云！谁无父母，谁无儿女，谁无情人！我们正是为了救助全中国人民的父母和妻儿，所以牺牲了自己的一切。我们虽然是死了，但我们的遗志自有未死的同志来完成。“大丈夫不成功便成仁”，死又何憾！

陈觉壮烈牺牲 4 个月后，赵云霄在狱中生下了他们的女儿，取名启明。生下启明仅仅 1 个多月，赵云霄就和女儿永别了。

下面这封信是赵云霄烈士牺牲前写给襁褓中的孩子的。

启明我的小宝贝：

……你是民国十八年正月初二生的，但你的母亲在你才一个月又十几天的时候，便与你永别了。小宝宝，你是个不幸者，生来不知生父是什么样，更不知生母是如何人……我很明白地告诉你，你的父母是共产党员，且到俄国读过书……小宝宝，我不能育你长大，希望你长大时好好读书，且要知道你的父母是怎样死的。我的启明，我的宝宝！当我死的时候，你还在牢中……你是这个世界上的不幸者……小宝宝，望你好好长大成人，且好好读书，才不负你父母的期望。可怜的小宝贝，我的小宝宝！

你的母亲于长沙陆军监狱署泪涕

1929 年 3 月 26 日，赵云霄在给孩子喂完最后一次奶后，从容地走向刑场，英勇就义，年仅 23 岁。

两位烈士的诀别信，句句带血，行行带泪。他们的字里行间，饱含着对家人浓浓的深情，更是充分体现了一个青年共产党人对党的事业的忠诚！他们在革命需要流血牺牲的时候，毫不犹豫地付出他们年轻的生命，在他们的身上清晰地透着两个字——信仰！这种精神，值得我们新时代青年永远学习和继承。

血色湘江

20 世纪 30 年代，在湘桂一带，发生过一场血洒湘江的悲壮战役。湘江战役纪念馆位于广西桂林兴安县，这里，安放着红军先烈的遗骸。万余个英烈的名字，真实记录下了一个个在湘江战役中英勇牺牲的英灵。

走进湘江战役纪念馆，迎面而来的是一面巨型浮雕，这面浮雕给人以强烈的视觉冲击：从天而降的炮弹、受惊嘶鸣的战马、前赴后继的战士和坚毅果敢的神情，让人仿佛置身于 80 多年前那场悲壮的湘江战役。

1934 年，由于党内“左”倾教条主义的错误领导，加上国民党军队加紧对中央革命根据地发起进攻，红军已经没有了在原地扭转战局的可能。同年 10 月，中共中央、中革军委率中央红军主力 8.6 万余人，从江西于都出发，踏上了战略转移的征程。部队在突破三道封锁线后进入广西。

此时，国民党 16 个师 77 个团共 30 万人，依托湘江天然屏障，重兵构筑起了号称“铁三角”的第四道封锁线，企图将中央红军消灭于湘江以东地区。红军陷入被敌军围追堵截的危险境地。“我们不为胜利者，即为失败者。” 这是朱德在周恩来发给全军的电报后面，特意加上的一句话。面对数倍于己的国民党军，从 1934 年 11 月 27 日至 12 月 1 日，红军在广西灌阳县、全州县和兴安县一带，展开了英勇的阻击战。

12 月 1 日下午 5 时，红军终于渡过了湘江，粉碎了敌人的图谋，成功实现我军的战略目标。但渡江之后，红军损失惨重，从长征出发时的 8.6 万人锐减至 3 万余人。为了确保中共中央机关和中央红军主力渡过湘江，红五军团第三十四师担任后卫执行掩护任务，该师被称为“绝命后卫师”。

当时，红三十四师已不足 1000 人，是一支身陷重围、无法过江的孤军。面对强敌，师长陈树湘一身是胆、毫无惧色，率领全师战士奋力抵抗。与敌人鏖战四天五夜，用血肉之躯筑起了一道“城墙”，为红军渡过湘江赢得了宝贵时间。红三十四师、红三军团第十八团最后弹尽粮绝，大部分战士英勇就义，鲜血染红了滔滔江水。

战役结束后，湘江两岸、水里到处都是红军战士的尸体。桂北甚至流传这样一首民谣：“英雄血染湘江渡，江底尽埋英烈骨。三年不饮湘江水，十年不食湘江鱼。”

湘江战役纪念碑园坐落在纪念馆身后的狮子山上。碑园内松柏挺拔，默默地抚慰着烈士的英灵。

狮子山山顶的主碑高34米，三支直插蓝天的步枪造型，象征着“枪杆子里面出政权”的真理。碑园内安放着红军先烈的遗骸。石碑静静矗立，万余个英烈的名字镌刻其上：丘老九子、赖老石头、陈三哩子……这些听起来不像名字的名字，真实记录下了一个个在湘江战役中英勇牺牲的英灵。

湘江战役是关系中央红军生死存亡的一战，是红军理想信念强大力量的集中体现！红军将士以勇于胜利、勇于突破、勇于牺牲的英雄气概和钢铁意志，深刻诠释了什么是共产党人的初心和使命，诠释了中国共产党为什么无坚不摧！

岁月不语，湘江作证。站在纪念碑园，重温红色记忆，一种强烈的责任感和使命感油然而生！作为新时代的青年，我们应当用青春和信念，将烈士用鲜血尽染的江河，建设得更加美好！

第一军规

湖南郴州桂东县沙田镇有一处全国有名的红色旅游经典景区——第一军规广场。一个广场能够与一个事件紧密相连，足见其所具有的历史意义。1928 年的暮春时节，那支红色的队伍走进了湘粤赣三省边界的这片土地。

1927 年 9 月，毛泽东受中共中央的委派，以中共中央特派员的身份前往湘赣边界，领导秋收起义。随后向井冈山进军，这是我党第一次公开打出“工农革命军”的旗帜。然而，刚创建不久的工农革命军成分混杂。工人、农民、游民，还有从旧军队过来的散兵游勇，思想混乱，纪律松弛。加之部队一路行军一路打仗，饿肚子的时候多，有人顺手就偷挖路边地里的红薯吃。见此情形，毛泽东召开前敌委员会会议，决定对部队进行整编，并宣布了行军纪律：“讲话要和气，买卖要公平，不拿群众一个红薯。”

如果历史能够再现，我相信，面对仅剩不足 1000 人和几十匹战马的起义部队，毛泽东此刻的心情肯定是沉重的。他深知，纪律是军队的命脉，是统一意志、规范行动、凝聚力量的重要保证。

在遂川县城发动群众时，毛泽东对部队官兵时刻强调着纪律的重要性和严肃性。他逐条逐项修改和完善着部队必须遵守的纪律和需要注意的事项。1928 年 3 月底，部队到达桂东县沙田镇。部队宿营时不捆好垫铺稻草、不主动归还门板等损害人民群众利益的现象时有发生，群众意见很大。4 月 3 日，毛泽东站在沙田镇沙田圩“三十六担丘”田边的土台上，掰着指头向工农革命军战士和地方赤卫队队员正式颁布了“行动听指挥，不拿工人农民一点东西，打土豪要归公”的“三大纪律”和“上门板，捆铺草，说话和气，买卖公平，借东西要还，损坏东西要赔”的“六项注意”。

寥寥 40 来字，清晰而严格划定的“纪律红线”，第一次以军规的形式突出强调革命军队的政治纪律和群众纪律，因此被称为“第一军规”。这奠定了红军统一纪律的基础，成为人民军队区别于一切旧军队的鲜明标志之一。

工农革命军将要离开沙田时，派人到住过的人家进行纪律检查。有一位老百姓反映，部队借用他家的一口缸漏水了。检查组一看，这口缸有一条裂缝，只在装满水以后才会漏水，部队还水缸时没有察觉到。虽然如此，部队还是按照“三大纪律，六项注意”的规定赔了他一口新水缸。当地群众感动地说：“从来没有见过这么好的军队……”

从“三大纪律，六项注意”到“三大纪律，八项注意”，随着革命事业的发展，第一军规经历了不少于三次的修改、规范。1947 年 10 月 10 日，毛泽东起草了《中国人民解放军总部关于重行颁布三大纪律八项注意的训令》，对人民军队的纪律要求作了统一规定，执行至今。

从写在红军战士包袱皮的文字，到人们随口而出的昂扬旋律，第一军规不知炽热着多少人的意志和情怀。

正是因为有了这铁的纪律，辽沈战役中的战士没有摘下一个熟透的锦州苹果；刚刚解放的上海，部队悄然无声地睡在潮湿的路边……直到今天，人民军队在抗洪、抗震、抗疫等重大任务中砥柱中流，筑起一道道钢铁长城！

为什么在长征的途中，会有那么多穷苦的青年积极参加红军？为什么在解放战争的硝烟里，会有那么多的年轻战士舍生忘死？为什么在和平的年代里，会有那么多的热血青年无怨无悔参军？这是因为人民军队来自人民，人民军队为了人民。长久以来，在广大军民中广为传唱的《三大纪律，八项注意》，展现了人民军队的立场本色、精神风范、优良传统，这也是第一军规传承的力量。

会宁会师

中国有不少地方被称为“凤城”，甘肃会宁便是其中之一。会宁古城有四个城门，城郭形状如凤凰展翅，故有“凤城”之称。时光荏苒，古城已难复原貌，唯有一个“西津门”保留了下来。

1952 年，“西津门”更名为“会师门”。“会师门”，顾名思义，就是 1936 年中央红军主力军入城会师的大门，中国革命从此迎来了历史性的转折。

当年中央红军长征结束，为什么要选择在黄土高原的这样一个小城——会宁会师呢？那是因为会宁自古以来就是交通要道、军事重地。向西可控制黄河两岸，向南则横贯西兰公路，向东还有利于军事转移和休整补给。

1936 年，中共中央根据国内时局的演变和夺取宁夏、扩大陕甘根据地的需要，作出了红军三大主力会师的战略决策。在陕北保安的一间窑洞里，周恩来建议将会师地点放在会宁，毛泽东当即表示赞同。他指着地图高兴地说：“会宁、会宁，红军会师，中国安宁……”

1936年9月30日深夜，红一方面军十五军团骑兵团从宁夏同心县出发。部队马蹄裹布，白天隐蔽，夜间行军。历时32个小时、行程300多里，长途奔袭并攻占了会宁县城，拉开了三军大会师的序幕。

10月9日，红四方面军总指挥部到达会宁。10月10日黄昏，会宁文庙大成殿红旗招展，人群沸腾，红军会师联欢大会在这里隆重举行。历经长征艰苦岁月的战士们，越过千山万水，终于汇聚在黄土高原上，大家激动得互相拥抱。

朱德总司令站在大成殿的木桌上，宣读了《中央革命军事委员会致一、二、四方面军贺电》。他说："红军在会宁胜利会师，深刻说明了红军是不可战胜的。红军长征的胜利，不仅沉重地打击了敌人，锤炼了自己，而且扩大了党的影响，沿途撒下了革命的种子。"

当红一、四方面军举行三军会师联欢会的时候，红二方面军已完成策应任务北上，为红一、四方面军会师创造了条件。陇原小城在喜悦和激动中度过了一个不眠之夜。之后，1936年10月22日，红一、二方面军在宁夏固原将台堡会师。

会宁会师和将台堡会师永久地载入了史册，它标志着红军三大主力历时2年多的长征胜利结束，它推动了抗日民族统一战线的形成，是革命力量大团结的典范，是中国革命走向胜利的转折点。红军三大主力会师，长征取得胜利，离不开党中央的团结，离不开军队和老百姓的团结。

会师纪念馆里有一幅小红军画像，它诉说了一个感人的故事。1936 年 10 月 9 日清晨，国民党飞机轰炸会宁县城，不满 3 岁的小魏煜正在街上玩耍。在炸弹呼啸而至的危急关头，一位没有留下姓名的小红军战士飞身而出，用自己的生命救下了小魏煜，将自己年仅 14 岁的年华留在了会宁。

魏煜后来给自己的 3 个儿子起名继征、续征和长征，希望他们永远记住红军长征的历史和血浓于水的恩情。

每年清明时节，魏煜的后人总要来到会宁县东山森林公园，祭拜那位不知名的红军小战士，80 多年未曾间断。

纪念馆里有这样一张珍贵的文物——长征途中的《党员登记表》。表格手工绘制，上面清晰地记录着一名 19 岁的党员李道存的详细信息。红军从会宁离开时，登记表遗留在县城周家大院。

为保存这份登记表，当地群众周大勇的母亲把它缝进枕套，留存至今。2000 年，登记表被国家文物局鉴定为国家一级革命文物。红军长征期间，会宁人民筹集军粮 500 余万斤，救治红军伤病员近千人，有 400 多名青年参加红军。

纪念馆里一件件文物、一幅幅影像，给人精神上的洗礼。在艰苦卓绝的岁月，中国革命为什么能够取得胜利？靠的是中国共产党坚如磐石的信念，靠的是党的团结和军民的鱼水之情。

会师精神与长征精神一道，将永远激励着我们当代青年，传承红色基因，从党的历史中汲取前行力量，把青春融入新长征的伟大事业之中。

革命之母写传奇

她不是中共党员，却立传于《中共党史人物传》第六卷。

她一生致力于进步和革命事业，养育了蔡和森、向警予、蔡畅、李富春四位中央委员。

她就是被称为“革命的母亲”的葛健豪。

葛健豪，原名葛兰英，湖南双峰县人。她思想开明，乐于接受新生事物。

为了让儿子接受新式教育，年近半百的她卖掉自己私藏了几十年的嫁妆，支持蔡和森去长沙求学，使其走上了读书救国的道路。

1913 年，丈夫为了 500 元银洋的聘礼，要把年仅 13 岁的女儿蔡畅许给一个地主的儿子做媳妇。她十分气愤，偷偷将女儿送到长沙的一个亲戚家，让她进入周南女校读书，开始新的人生道路。

1914 年春，葛兰英也来到长沙，进入湖南女子教员养成所学习，并将自己的名字改为“葛健豪”。在学校，她是年纪最大的学生。

为了尽快地掌握知识，每晚就寝铃声响过后，她还要自学几个小时才睡觉。

1915年，葛健豪在湖南女子教员养成所结业后，回到家乡创办了“永丰镇第二女子职业学校”。学生中绝大多数都是劳动人民家庭出身的中青年妇女，这在当时是开风气之先的壮举。

1917年夏天，葛健豪率一家三代人第二次来到了长沙，租住在刘家台子。

她的家就成了蔡和森同毛泽东、张昆弟、罗学瓒等有志青年经常聚会的地方，这里也是新民学会的诞生地。

五四运动后，赴法勤工俭学运动形成高潮。

1919年12月25日，葛健豪筹集银洋600元，和蔡和森、向警予、蔡畅等一群热血青年，启程前往法国。

出发前她对大家说：“一个人活在世界上，就要活得有意义，我们现在去留学，将来回国就可以干一番救国救民的大事。”

在蒙达尔纪，葛健豪像小学生一样，刻苦攻读法文。虽然年纪大，记忆力差，又没有任何的外语基础，但她凭着顽强的毅力，从一个个单词学起。

后来，她能用法语对话和阅读法文报刊。

在法国留学的日子里，她积极参加留法学生的革命活动，尤其是对蔡和森等人在法国的建党活动予以支持和帮助。

她还积极支持儿子蔡和森与向警予、女儿蔡畅与李富春自由恋爱结婚。

后来，蔡和森与向警予先后归国，蔡畅、李富春夫妇去苏联学习，至此葛健豪独自一人带着小外孙女艰难度日，直到1923年的秋天回国。

1924年，葛健豪与唐群英、王昌国等人倡议恢复湖南女界联合会，提出“男女平权”的思想。

大革命失败后，她先后辗转于武汉、上海，掩护儿女、儿媳和女婿干革命。

1928年，由于叛徒出卖，向警予被捕牺牲后，出于安全考虑，蔡和森与蔡畅让老母亲回到了湖南老家。1943年3月16日，葛健豪病逝，终年78岁。

临终前，她反复问家人有没有蔡和森的消息，直到逝世，她都不知道她的好儿子、中国共产党的创始人之一蔡和森在12年前就已为革命献出了宝贵的生命。

毛泽东在延安得知蔡母逝世的消息后，十分悲痛，当即提笔写下了“老妇人，新妇道；儿英烈，女英雄”的挽联，给“蔡伯母”以最好的褒奖。

忆往昔峥嵘岁月。葛健豪这位革命母亲写就的传奇，给了我们强烈的心灵震撼和深刻的精神洗礼。无论时代如何发展变化，在追逐梦想的路上，理想与创造、使命与担当是每一个中国人，特别是中国青年的本分与底色。

几纸情书藏墙中

这些，是毛泽东从未收到过的缱绻家书，它们被蜡纸层层包裹、小心翼翼地藏匿。一个革命女性爱情的火焰，就这样悄悄地在黑暗而狭小的空间里，独自燃烧了半个多世纪才被发现。这些书信的主人，就是杨开慧。

1982 年，有关单位在维修杨开慧老宅时，在砖墙缝里意外发现了七封未能寄出的手稿书信。1990 年再次修缮时，又在卧室外的檐头下发现了一封。今天，当我们把这些手稿一一拾起，展现在我们面前的是杨开慧与毛泽东在苦难岁月时的伉俪情深。

“即使你死了，我的眼泪也要缠住你的尸体。”

“我要吻你一百遍呢，你的眼睛，你的嘴，你的脸，你的颊，我都要吻到，都要吻到，你是我的，你是属于我的。”

“我想假使他是死了，我的情丝将永远缚在他的尸体上。”

“谁把我的信寄到他，因此得到他的回信，谁就是我的恩人。”

“我不能忍了，我要跑到他那里去！”

“我怎么都不能不爱他，我怎么都不能不爱他！”

这些纸张发黄、字迹清秀的手稿，如泣如诉又如歌的文字，字字深情，思念刻骨，催人泪下。可惜的是毛泽东始终没能看到。

杨开慧与毛泽东，在最美好的年纪相遇，他们恰同学少年，风华正茂。

毛泽东年轻时，曾在湖南省立第一师范学校师从杨昌济，与开慧相识，成为杨家常客，杨开慧对这个高个子青年心生敬佩和好感。1918 年，杨昌济到北京大学任教。杨开慧随父赴京，并与在北大图书馆工作的毛泽东再次相遇。共同的革命理想，让两颗年轻炽热的心越靠越近。1920 年冬，杨开慧与毛泽东在湖南长沙船山学社举行了简朴的婚礼，仅仅花 6 元钱请至亲好友吃了一顿饭。杨开慧不坐花轿，不用媒妁之言，自己搬进了毛泽东在一师附小主事室简陋的宿舍。

从 1921 年至 1927 年，杨开慧始终陪伴在毛泽东身边。秋收起义后，毛泽东率军转战湘赣，杨开慧带着 3 个孩子回到板仓。此次离别，竟成杨开慧与毛泽东的永诀。

1930 年 10 月，杨开慧不幸在家中被捕。在狱中，杨开慧经受了皮鞭抽、木棍打等酷刑，被折磨得遍体鳞伤，但她始终坚贞不屈。

敌人给她下了最后通牒："只要登报声明与毛泽东脱离夫妻关系，就可以获得自由。"杨开慧的回答简短铿锵："死不足惜，惟愿润之革命早日成功！”随后，在长沙从容赴死。

毛泽东在江西吉水惊闻噩耗后，悲痛万分地写道：“开慧之死，百身莫赎。”英雄铁骨铮铮也柔情万丈。毛泽东深深动容于杨开慧的大爱与大义，一首悼亡词，是对爱妻的无限感怀与追思。

“我失骄杨君失柳，杨柳轻飏直上重霄九。”1957 年，毛泽东在《蝶恋花·答李淑一》中，称颂杨开慧为“骄杨”，并解释说：“女子革命而丧其元，焉得不骄！”表达了一代伟人对亲爱的夫人、战友的深切思念和崇敬之情。

几纸情书藏墙中，小家离殇九州同！在杨开慧短暂的生命里，她以信仰与生命，擦亮了爱情之火；而毛泽东永怀对“亲爱的夫人”的至爱深情，将自身无数次的小家离别，迎来了大国大家的万世团圆。

90 多年过去了，杨开慧的魂归之地早已“换了人间”：为了永世铭记她的革命贡献，故乡人把她老家“板仓”改成了她的名字——开慧镇开慧村。

苍翠的松柏之间，杨开慧烈士陵园庄严肃穆，前来瞻仰的人群络绎不绝。“用崇高的共同理想照亮爱情之路，担负起新时代与新青年的使命，为中华民族的伟大复兴而砥砺奋斗。”这便是杨开慧和毛泽东不朽爱情留给我们最好的启示。

枪杆子里面出政权

“须知政权是由枪杆子中取得的。”这是毛泽东在1927年于八七会议上提出的论断。这个论断是毛泽东从大革命失败的血的教训中得出来的。

从1926年的中山舰事件到1927年的“四一二”反革命政变，蒋介石把枪杆子的威力发挥得淋漓尽致。

1927年7月15日，汪精卫以“分共”的名义正式同共产党决裂，开始对共产党员和革命群众实行大逮捕、大屠杀。当一个个优秀的共产党人倒在血泊中的时候，中国共产党获得了惨痛的教训，那就是：只有拿起枪杆子进行武装斗争，才会有新的生机。就这样，在1927年8月7日，一群年轻的中国共产党人，在汉口原俄租界的一幢西式公寓里召开了一次关系到中国革命前途和命运的紧急会议，史称“八七会议”。就是在这次会议上，毛泽东提出了“枪杆子里面出政权”的思想。

八七会议批判和纠正了陈独秀右倾机会主义错误，确定了实行土地革命和武装起义的方针，指明了今后革命斗争的正确方向。八七会议以后，主持中央工作的瞿秋白要毛泽东去上海党中央机关工作。毛泽东说：“我不愿意跟你们去住高楼大厦，我要上山结交绿林朋友。”于是中央决定让他以中央特派员的身份回到湖南，领导发动秋收起义。9月初，毛泽东以中央特派员和秋收起义前敌委员会书记的身份，在江西安源召开了湘赣边界秋收起义军事会议。正式竖起了五角星中有镰刀斧头的第一面旗，组建了工农革命军第一军第一师。总指挥卢德铭，师长余洒度，总兵力有5000多人。

1927年9月9日，秋收起义爆发，第一团从修水出发，向湖南平江挺进。10日，第二团从安源出发，进攻醴陵。11日，第三团从铜鼓出发，攻打浏阳白沙镇。由于敌强我弱，攻打长沙受挫。面对这种情况，毛泽东当机立断，下令起义部队停止进攻长沙，集结到浏阳文家市。9月20日一大早，工农革命军全体官兵集合在文家市的里仁学校的操场上。毛泽东充满信心地说：“现代中国革命没有枪杆子不行，有枪杆子才能打倒反动派。这次武装起义受了挫折，算不了什么！胜败乃兵家常事。我们当前力量还小，还不能去攻打敌人重兵把守的大城市，应当先到敌人统治薄弱的农村，去保存力量，发动农民革命。”

9月29日，毛泽东率领秋收起义部队来到江西省永新县三湾村，在这里对部队进行了改编。于10月初到达井冈山下的宁冈县古城。在井冈山，中国共产党领导打土豪分田地，建立了第一块农村革命根据地，点燃了中国土地革命的星星之火。从而走出了一条农村包围城市、武装夺取政权、最终取得全国胜利的新道路。

“枪杆子里面出政权”，是中国共产党人在大革命失败以后的崭新论断，在关键时刻挽救了革命，挽救了党。

在农村建立革命政权，开展土地革命，实行工农武装割据，是中国共产党人在中国革命实践中的独特创造，由此探索形成的中国特色革命道路及其理论，是中国共产党把马克思主义普遍原理和中国革命具体实践相结合的成功范例，对中国革命的胜利具有决定性意义。

作为新时代的青年，我们有属于我们这一代的新征程。如何走好脚下的路？在低潮时不迷茫，在困境中不迷惑，敢于探索，走适合自己的路，是革命先辈们带给我们的最好启示。

长征，从于都出发

1934 年 10 月，第五次反“围剿”失利。队伍平均年龄不到 30 岁的中央红军被迫从江西于都出发，踏上了战略转移的征程。其间共经过 11 个省，翻越 18 座大山、跨过 24 条大河，走过荒草地、翻过大雪山。行程二万五千里，胜利地完成了战略转移，历史上把中国工农红军的这一伟大壮举称为“长征”。

中央红军长征集结出发地在于都河畔东门渡口，今天，这里矗立着一块庄严肃穆的纪念碑，仰望这块中央红军长征出发纪念碑，那场艰苦卓绝的远征浮现在眼前。

1934 年 5 月，中央书记处开会决定把红军主力撤离中央苏区。6 月底，共产国际同意了这一意见。为了做好准备，中央成立了由李德、博古、周恩来组成的三人团，周恩来为此力所能及地做了几项工作，为转移打下基础。

当时的于都是中央苏区的中心腹地，也是中央苏区赣南省委、省苏维埃政府和赣南军区所在地，距离兴国、宁都、石城、长汀、信丰等红军主要驻地路程相差不多，政治、地理、物质条件都很好。因此，中共中央、中革军委最终将突围转移地点选在了于都。

1934年10月7日开始，中央主力红军陆续到于都集结。为了支援红军，于都老百姓夜以继日打草鞋、筹军粮。于都河上没有桥，群众捐出了家中的门板、床板、房梁，甚至寿材，在30公里的河段上架起5座浮桥。

1934年10月16日，红军各部队在于都河以北地区集结完毕。10月16日夜晚到17日凌晨，中央红军共8.6万人从这里悄然出发，告别他们生活和战斗过的根据地，开始了悲壮的、前途未卜的漫漫征程。

出发前，毛泽东做了一个艰难的决定，那就是和2岁多的小儿子毛毛告别。当时中央规定，怀孕的女人、小孩和伤病员一律不能参加长征。

叶剑英率领中央纵队准备离开于都时，老战友刘伯坚在江边为他饯行，诉说衷肠。1962年，叶剑英再到于都，怀念牺牲的战友刘伯坚，想起当时的离别场景，感慨万千，赋诗一首：

红军抗日事长征，夜渡于都溅溅鸣。

梁上伯坚来击筑，荆卿豪气渐离情。

在长征出发前，还有很多夫妻不得不分别。董必武和陈碧英结婚才1年4个月，夫妻感情很深。但由于陈碧英的身体不好，并且有孕在身，不能随行。告别时，两人依依不舍。最后，陈碧英把系在腰间的小手电筒解下来，送给董必武，哽咽着说：“你年纪大了，晚上走夜路多留心呀！”这一别，竟成了永诀。

站在红军桥头，于都河水静静地从我们身边流过，仿佛仍能感受到当年红军出发时的悲壮和离别时的不舍。当年那支队伍浩浩荡荡从于都出发，历经千难万险，以血肉之躯谱写了人类历史上无与伦比的英雄史诗。88 年过去了，今天的于都依然流传着红军的故事，回荡着红军的歌曲，红色基因、长征精神在这里被一代代人接续传承，历久弥新。

遵义会议

贵州省遵义市子尹路96号，是一栋中西合璧的老建筑。早先这里是国民党军官的私人住宅。1935年，改变中国历史的遵义会议就在这里召开，使这里成了著名的红色纪念地。

1934年11月湘江战役之后，党内对中央红军的前进方向，进行着激烈的争论。1934年12月，中央政治局在贵州黎平举行会议，根据毛泽东的建议，会议通过决议，放弃到湘西北同红二军团、红六军团会合的计划，改向贵州北部进军。1935年1月7日，红军攻克了贵州北部重镇——遵义。

为了总结红军第五次反“围剿”失败和长征初期严重受挫的教训，1935年1月15日至17日，中共中央在遵义召开政治局扩大会议，集中解决当时具有决定意义的军事和组织问题。参加会议的有毛泽东、张闻天、周恩来、朱德、陈云、博古、凯丰等中央政治局委员、候补委员，还有刘伯承、李富春等红军总部和各军团负责人，中央秘书长邓小平以及军事顾问李德和翻译伍修权，也列席了会议。

遵义会议的会议室在二楼，走进这个只有27平方米的会议室，当年的原貌仍在。被称作“真理之辩”的会议桌、墙上继续嘀嗒响着声音的挂钟、桌下的炭火盆……一件件饱经风霜的革命文物，记录和见证着87年前那个改变中国命运的会议。

遵义会议一共开了3天，气氛紧张激烈，发言的声音很高，每天总是开到半夜才休会。

张闻天、毛泽东、王稼祥尖锐地批评了博古、李德在第五次反“围剿”中实行单纯防御、在战略转移中实行逃跑主义的错误，与会者多数同意张闻天、毛泽东等人的意见。会议增选毛泽东为中央政治局常委，委托张闻天起草《中央关于反对敌人五次“围剿”的总结的决议》，取消了长征前成立的“三人团”。

会后不久，在云南扎西会议上，中央政治局常委决定，由张闻天代替博古负总责，毛泽东为周恩来在军事指挥上的帮助者。后成立由毛泽东、周恩来、王稼祥组成的三人小组，负责全军的军事行动。

遵义会议是党的历史上一个生死攸关的转折点。

会议事实上确立了毛泽东在党中央和红军的领导地位，开始确立以毛泽东为主要代表的马克思主义正确路线在党中央的领导地位，开始形成以毛泽东同志为核心的党的第一代中央领导集体。开启了我们党独立自主解决中国革命实际问题的新阶段，在最危急的关头挽救了党、挽救了红军、挽救了中国革命。

遵义会议的鲜明特点是，坚持真理、修正错误，确立党中央的正确领导，创造性地制定和实施符合中国革命特点的战略策略。遵义会议之后，中央红军在毛泽东等人领导指挥下，根据实际情况的变化，灵活变换作战方向，迂回穿插于敌人重兵之间。

到1935年5月红军巧渡金沙江之后，摆脱了敌人的围追堵截，取得了战略转移中具有决定意义的胜利。邓小平后来在评价遵义会议时说："我们党的领导集体是从遵义会议开始逐步形成的。""任何一个领导集体都要有一个核心，没有核心的领导是靠不住的。"

2015年6月16日，习近平总书记参观遵义会议会址时指出："我们要运用好遵义会议历史经验，让遵义会议精神永放光芒。"

当我们身临其境触摸这段历史的时候，这里的一切以无言的厚重告诉我们，我们的党正是在这样不断正视和纠正自己的错误中成长壮大的，这是一个严肃的、对人民负责的无产阶级政党的品格！它将时刻激励着我们新时代青年，坚定跟党走的信念，奋力走好新长征的每一步！

女红军的故事

在长征的队伍里有一批女红军，她们当中既有中央苏区党政军领导的妻子，也有普通的女干部、女士兵。

她们在极其艰难的情况下，突破生命极限挑战。以坚韧不拔的毅力和一往无前的精神，在枪林弹雨中出生入死，在雪山、草地里艰难跋涉，经受血与火的考验，成为长征路上一道别样的风景。

贺子珍是井冈山第一位女红军，也是毛泽东的夫人。在长征途中，她为了掩护受伤的战友身受重伤，在没有麻醉药的情况下，医护人员从她身上取出17块大小不等的弹片。而深入体内的弹片直到她去世也未能取出，成为战争留给她的永久纪念。

1935年4月23日，当红军进入贵州和云南交界的盘县的一个小村庄时遭到敌人飞机的突袭。钟赤兵因在之前的战斗中受伤被锯掉一条腿躺在担架上痛苦不堪，行动不便。当飞机炮弹袭来时，贺子珍奋不顾身扑向钟赤兵。爆炸声过后，钟赤兵没有再受伤，但贺子珍却倒在血泊中昏迷不醒。炮弹碎片嵌入了她的头部和背部，殷红的鲜血不断地流着，染红了大地。

经过几天的抢救，贺子珍才从昏迷中醒来。而她醒过来后的第一件事，便是询问钟赤兵的情况。然后又嘱咐大家，千万不要把她受伤的消息告诉毛泽东，以免他牵挂。

陈琮英是任弼时的夫人，随红二方面军参加长征。负责机要工作的陈琮英背着密码箱时刻不离弼时左右，但是有一次由于饥饿和疲劳，身材瘦小的陈琮英掉队了。任弼时急得派人到处找，找到后任弼时开玩笑说："我丢得老婆，可丢不起军团的密电码呀！"

1936 年 7 月，陈琮英和丈夫随同红四方面军进入茫茫草地。对于挺着大肚子快要生孩子的陈琮英来说，这简直就是生死考验。部队到达四川阿坝地区时，她临产了。在一个藏民的牦牛棚里，她生下一个女孩，取名"远征"。

阿坝地广人稀，要找点吃的东西极其困难。陈琮英后来回忆说："我产后什么都没得吃，只能吃草，总司令和你（任弼时）竟亲自钓鱼给我吃。"

在参加长征的女红军中，危秀英是出了名的小个子。然而，在长征路上，她却是抬担架最多，救人最多的一位。

红军部队进入云贵高原后，战友邓六金发高烧，不能走路。危秀英主动向连长请求，让她来照顾邓六金随部队一起行动。一路上，危秀英将自己和邓六金的背包都背在身上，把树枝当拐棍，搀着极度虚弱的邓六金艰难地往前走。

后来，邓六金病好了，但身体仍然很虚弱，晚上特别怕冷。危秀英就用仅有的半条毛毯把两个人绑在一起睡觉，紧靠着彼此取暖。她们就这样相互扶持，最终走完了长征路。

参加中央红军长征的 30 名女红军，最终有 24 人胜利到达陕北。参加红二方面军长征的 21 名女红军，全部到达长征终点。参加红二十五军长征的 7 名女红军，有 5 人到达陕北。参加红四方面军长征的女红军有 2000 多人，三大主力会师时还有 1300 多人。

女红军的故事还有很多很多。这些英勇的女红军，她们凭着对革命的坚定信念和坚忍不拔的钢铁意志，书写出了一首可歌可泣的壮丽史诗。

从这些故事中我们感悟到了一种强烈的精神力量，它源自对革命理想和事业的无限忠诚和坚定信念，源自追求独立、自由和平等的妇女解放精神，源自百折不挠、勇往直前、永不言败的革命英雄主义精神，源自顾全大局、患难与共、生死相依的集体主义精神。它将成为我们今天干事创业、走好新时代长征路的力量之源。

左权家书

这十一封写给母亲、叔叔和妻子的普通信件，信件的一头是醴陵，一头是动荡不安的烽烟战场。在这些家书的字里行间流露出的是一代名将“念小家、顾大家，舍小家、为大家”的铁骨柔情，它们是珍贵的革命历史文物，是那段峥嵘岁月的最好注解。这十一封信件，就是抗日名将左权将军的家书。

“母亲：亡国奴的确不好当，在被日寇占领的区域内，日本人大肆屠杀，奸淫掳抢，烧房子……日寇不仅要亡我之国，并要灭我之种，亡国灭种惨祸，已临到每一个中国人民的头上……我们不管怎样，我们是要坚持到底……我们也决心与华北人民共艰苦，共生死，不管敌人怎样进攻，我们准备不回到黄河南岸来……”

这是1937年12月左权将军在与母亲分别12年后，写给母亲信中的话语。左权将军在表达对母亲思念之情的同时，还无比愤怒地控诉了日本侵略军的罪行，并表示了他与中华民族共存亡，同日军浴血奋战到底的决心。

左权，1905年生于湖南醴陵，1924年进入黄埔军校一期学习，1925年加入中国共产党，1934年10月参加长征。1939年4月，左权和刘志兰结婚。1940年5月，女儿左太北出生，左权与女儿相处3个多月后就奔赴抗日战场。

“洋菊花已开三个月了……开得甚为好看。可惜的就是缺兰……总感美中不足。”这封家书里所说的“兰”，就是他的妻子刘志兰。

“四天三夜的生死战斗回来，我第一件事就是给你们写信，如果我在战斗中牺牲，此生别无遗憾，惟一遗憾的是我们的女儿北北，我不曾给她一点父亲的爱，没有尽到一点父亲的责任，只有拜托你替我多亲吻女儿了。”家书里所说的“北北”就是他的女儿左太北。

1942年5月22日，左权给妻子刘志兰写了最后一封家书。信中写道：“希特勒‘春季攻势’作战已爆发，这将影响日寇行动及我国国内局势……我担心着你及北北……别时容易见时难。分离廿一个月了，何日相聚，念念、念念。愿在党的整顿三风下各自努力力求进步吧！以进步来安慰自己，以进步来酬报别后衷情。”

在左权与妻女分别的21个月里，左权饱含深情地写了这些家书。可有谁知道，这些纸短情长的家书竟然出自一个身经百战的将军之手？是在“烽火连三月，家书抵万金”的战争环境下写成的。

左权写完这封信的第三天，敌人飞机的轰炸逼近了指挥所。他要求一定要保护好电台，保护好机密材料，保护好机要人员。

就在他指挥大家掩护时，敌机炮弹落在他身边。左权倒下了，年仅 37 岁。

“名将以身殉国家，愿拼热血卫吾华。太行浩气传千古，留得清漳吐血花。”这是朱德为左权写的挽诗。1942 年 9 月 8 日，晋冀鲁豫边区政府为纪念左权，将八路军总部驻地山西辽县改名为“左权县”。

1949 年，人民解放军南下时，朱德总司令嘱托入湘部队去看望左权的母亲。这时母亲才知道，自己日思夜念的儿子已经为国捐躯 7 年了。母亲忍住悲恸当即请人代笔，写下祭文：“吾儿抗日成仁，死得其所，不愧有志男儿。现已得着民主解放成功，牺牲一身，有何足惜，吾儿有知，地下瞑目矣！”

天地英雄气，千秋尚凛然。今天，品读左权将军的这些家书，赤胆和柔情迸发于笔端。我们读到的是一位共产党人的信仰袒露、家国情怀与赤子之心。家书书写了人性与党性相合共生的感人篇章，释放出震撼人心的永恒力量，赋予我们新时代青年弥足珍贵的精神财富。

从千年学府校训到党的思想路线

这是一座始建于公元976年的千年学府，历经沧桑，弦歌不绝。它被誉为中国古代“四大书院”之一，也是湖湘文化的重要地标。

它就是岳麓书院。

千多年来，书院历经数次改制与校名变化。1917年，湖南公立工业专门学校在岳麓书院办学。校长宾步程手书“实事求是”四个大字，将其作为校训，悬挂于岳麓书院讲堂。昭示在此求学的学生，坚持从事实出发，崇尚科学，追求真理。

100多年前，一群意气风发的进步学生相聚到岳麓书院。他们站在朱熹、王阳明等大儒曾经讲学的讲堂前探寻先哲的足迹。一名青年指着讲堂前悬挂的“实事求是”匾额说：“这就是真正的老师，是岳麓书院的精华。”这是电视剧《恰同学少年》中的一幕，这名青年就是当年的毛泽东。

从1916年到1919年，青年毛泽东曾多次寓居于岳麓书院的半学斋。在此期间，他深受“实事求是”校风学风熏陶，认为“要引入实际，研究实事和真理”。

1917年暑期，他邀请萧子升外出“游学”1个多月，行程900多里，游历了长沙、宁乡、安化、益阳、沅江等县，写出了许多游学笔记。1918年春天，他又和蔡和森沿着洞庭湖南岸和东岸游学，走访了湘阴、岳阳、平江、浏阳等县，前后半个多月。

学生时代这样的“游学”经历，成为毛泽东一生注重调查研究的重要源头。中国共产党成立后，作为党的主要缔造者的毛泽东，特别重视调查研究，掌握第一手材料，在调研的基础上形成决策。

他在领导安源路矿工人运动中，深入了解工人工作生活状况，在领导农民运动中总是与农民打成一片。1927年1月4日至2月5日，毛泽东历时32天，行程700多公里，考察了湘潭、湘乡、衡山、醴陵、长沙等县，写就了著名的《湖南农民运动考察报告》。

在新民主主义革命过程中，毛泽东先后提出了“没有调查，没有发言权”“反对本本主义”等重要主张。1941年毛泽东在延安干部会议上作《改造我们的学习》报告时，阐释了“实事求是”思想路线。他说：“‘实事’就是客观存在着的一切事物，‘是’就是客观事物的内部联系，即规律性，‘求’就是我们去研究。”

1943年，毛泽东在延安为中央党校题写了“实事求是”校训。1945年党的七大旗帜鲜明地将“实事求是”作为党的思想路线。

“实事求是”思想路线的确立，成为中国革命和建设从胜利走向胜利的重要保障。实践反复证明：坚持实事求是，就能兴党兴国，违背实事求是，就会误党误国。

2020年9月17日下午，习近平总书记来到岳麓书院，在这里，他发表了重要讲话。他提出：“岳麓书院是党的实事求是思想路线的一个策源地和有重要影响的地方。”

100年来，中国共产党团结和带领中国人民实事求是地认识中国、改造中国、建设中国。今天，作为新时代的青年，我们要继承和发扬“实事求是”的优良学风，坚持理论联系实际，一切从实际出发，做到“因时而进，因势而新”，融会贯通，学好本领，为建设社会主义现代化强国贡献青春力量。

从西柏坡走来

这里，曾是一个名不见经传的小山村。因为历史的选择，它用朴实无华托起了新中国的第一缕曙光，成为人们追寻“赶考”的足迹，寻找前行力量的地方。这里，就是位于河北省平山县的西柏坡村。

1948年5月底，毛泽东乘车到达西柏坡。至此，历经10个月，中共中央完成了从陕北到西柏坡的转移，这里成了当时中国革命的领导中心。

低矮的土房，狭小的院落。在这个被誉为“世界上最小的司令部”里，作战地图上用废旧的红蓝毛线做下的标记、毛泽东的破旧藤椅、刘少奇简陋的居所、周恩来用过的搪瓷茶缸，无声地见证着中国共产党就是在这种艰苦的条件下，指挥了辽沈、淮海、平津三大战役，奠定了全国解放的胜局。

在革命即将取得胜利，人民政权即将建立的时刻。中国共产党如何担当起领导新中国的重任，经得起执政的考验，向人民交一份满意的答卷，进而跳出“历史周期率”？新中国的缔造者们在这里反思历史，绘制蓝图。

1949 年 3 月 5 日，具有历史转折意义的中国共产党七届二中全会在这里召开。这是一间面积不过几十平方米、土坯垒就、由食堂临时改用的会议室。会场正面悬挂着毛泽东主席、朱德总司令的画像和两面红旗，一排排藤条长凳安静地摆放着。

会上，毛泽东挥着他的大手说，夺取全国胜利，这只是万里长征走完了第一步。中国的革命是伟大的，但革命以后的路程更长，工作更伟大、更艰苦。这一点现在就必须向党内讲明白，务必使同志们继续地保持谦虚、谨慎、不骄、不躁的作风，务必使同志们继续地保持艰苦奋斗的作风。毛泽东还指出，在胜利面前，必须警惕资产阶级“糖衣炮弹”的攻击。

当年，中国共产党人勇于自我革命、谦虚谨慎的气魄和品格，穿越了 70 多年时空，依然迸发出触及心灵的力量。3 月 13 日，七届二中全会胜利闭幕。8 天时间里，这场被誉为“铲地基”并筹划“起房子”的盛会，规定了革命在全国胜利后党在政治、经济、外交方面应当采取的基本政策。指出中国由农业国转变为工业国、由新民主主义社会转变为社会主义社会的发展方向，指出从现在起，开始了由城市到乡村并由城市领导乡村的时期。

10 天后，1949 年 3 月 23 日上午，毛泽东率领中共中央机关离开西柏坡，向北平进发。

在收拾行李时，警卫员在毛泽东常坐的躺椅上发现了一本书，《甲申三百年祭》。书作者是郭沫若，讲的是从陕北起兵的农民起义军李自成占领了北京城之后建立了大顺政权，因骄傲自满和部属腐败而导致最终失败的教训。毛泽东嘱咐道，把我读到的那页做好标记，进了北平我还要继续读。

临行前，毛泽东对周恩来说："今天是进京的日子，进京赶考去。"

周恩来笑着回答："我们应当都能考试及格，不要退回来。"

毛泽东说："退回来就失败了。我们决不当李自成，我们都希望考个好成绩。"

西柏坡是中国五大革命圣地之一，在此期间凝结成的西柏坡精神，永远是中国共产党历史上宝贵的精神财富。西柏坡精神——敢于斗争、敢于胜利的开拓进取精神；坚持依靠群众、坚持团结统一的民主精神；戒骄戒躁的谦虚精神、艰苦奋斗的创业精神。核心——务必保持谦虚、谨慎、不骄、不躁的作风，务必保持艰苦奋斗的作风。

追溯新中国从西柏坡走来的历史，仿佛还能看到中国共产党人在踏上缔造新中国的征程时，那份豪迈、那份坚定、那份从容、那份初心！它永远在天地间熠熠生辉！它永远激励着我们当代青年，在实现中华民族伟大复兴的新征程上，铁肩担使命、丹心报国家，阔步走在新时代的"赶考"路上。

我们愿意把牢底坐穿

1940 年 9 月，重庆被国民党定为陪都之后，军统局随之迁到重庆歌乐山，并将那里的白公馆和渣滓洞改造为其直属的看守所。数百名共产党员和革命人士被国民党先后关押在这里，后来他们大部分都牺牲在这里。

其中就有著名的“江姐”的原型人物江竹筠，1949 年 11 月 14 日她被杀害时，年仅 29 岁。还有在狱中结为夫妻的王振华、黎洁霜，以及那个 1 岁就坐牢、在牢房间传递信息、9 岁的“小萝卜头”宋振中等。

1949 年 11 月 27 日下午到深夜，国民党特务在溃逃之前，对关押在白公馆和渣滓洞的革命者展开了疯狂血腥的屠杀。在这里，共有 300 多名革命者倒在了反动派的枪口之下。

以白公馆和渣滓洞集中营为素材的小说《红岩》，生动再现了这一英雄群体的英勇事迹。

“任脚下响着沉重的铁镣，任你把皮鞭举得高高，我不需要什么‘自白’，哪怕胸口对着带血的刺刀！人，不能低下高贵的头……”这是重庆地下党《挺进报》负责人陈然，面对敌人的严刑拷打和死亡威胁，在狱中留下的题为《我的“自白书”》的著名诗篇。1949年10月28日，陈然被国民党特务杀害于重庆渣滓洞附近的大坪刑场，牺牲时年仅26岁。

同陈然一样，通过诗词文学表达了自己对于革命事业无限忠贞的还有何敬平。他与狱友成立了“铁窗诗社”，同敌人持续斗争，写下了《把牢底坐穿》的著名诗篇。

1941年皖南事变后，何敬平认清了国民党“假抗战、真反共”的面目，离开国民党军队，回到家乡，进入重庆电力公司工作。1945年2月20日，在电力公司反对国民党军警斗争中，他勇敢坚决，表现很突出，不久加入中国共产党。1946年上半年，重庆电力公司成立党支部，何敬平任组织委员。他团结发动广大职工进行了一系列斗争。1948年，因叛徒出卖及国民党特务使诈，何敬平被捕，关押到渣滓洞监狱。他在《把牢底坐穿》的诗篇中写道：“我们是天生的叛逆者，我们要把这颠倒的乾坤扭转！我们要把这不合理的一切打翻！今天，我们坐牢了，坐牢又有什么希罕？为了免除下一代的苦难，我们愿，愿把这牢底坐穿。”

1949年11月27日，何敬平不幸遇难，时年31岁。

时穷节乃现！何敬平在狱中写下的《把牢底坐穿》同陈然所写的《我的“自白书”》一样，字里行间无不让人动容。他们的生命虽很短暂，但是他们生得光荣，死得壮烈。

1949 年 10 月 1 日，新中国成立，消息传到渣滓洞和白公馆监狱后，革命者欣喜若狂。被关押在白公馆监狱的罗广斌、陈然、丁地平等掩抑不住激动的心情，用一床红色的被单和几个纸剪的五角星做了一面红旗藏在牢房地板下。大屠杀过去几天后，侥幸脱险的罗广斌等人跑回歌乐山，冲进白公馆，在牢房的木地板下找到了那面五星红旗，不禁抱头痛哭。

理想信念是共产党人的精神之钙，正是因为有了对革命必胜的坚定信念，为人民谋幸福的崇高追求，重庆监狱的英雄们义无反顾，勇于“把牢底坐穿”，勇于同敌人开展顽强斗争，勇于走向刑场，慷慨赴死。我们这一代青年，也要常补精神之钙，坚定自己的理想信念，做有理想、有担当、有作为的时代新人。

伟大的觉醒

这是一座以红砖红瓦建成的地上四层、地下一层的近代建筑——“北大红楼”。

百年前，它曾是北京城最具现代气息的建筑，李大钊、毛泽东等都在这里工作过。一批又一批觉醒了的青年学生，从这里将民主与科学的思想火种传向全国。

1915年9月，从日本回到上海的陈独秀，创办了《青年杂志》，第二年9月改名为《新青年》。之所以要办这本杂志，陈独秀说，是要帮助中国人实现“最后觉悟之最后觉悟”。所谓“最后觉悟之最后觉悟”，就是伦理的觉悟、道德的觉悟，实际上是文化的觉悟。

杂志宣扬民主和科学的精神，批判封建思想、道德、文化，成为现代中国思想觉醒和解放的重要源头。

1917年陈独秀、李大钊等人相继到北京大学工作，杂志也迁到了北京，他们以杂志为阵地，发表了《庶民的胜利》《布尔什维主义的胜利》等大批宣传新思想、新道德、新文学的文章，掀起了一场声势浩大的新文化运动。

1919 年李大钊将《新青年》第六卷第五号编为“马克思主义研究专号”，并发表了 2 万多字的《我的马克思主义观》的论文，第一次系统地介绍了马克思主义。从第八卷开始，《新青年》成为上海共产主义发起组的刊物。

在《新青年》为代表的进步刊物和新思想、新思潮的影响下，觉醒了的北大学子联合在京的高校学生，掀起了一场因巴黎和会外交失败引发的声势浩大的“五四运动”。

1919 年 5 月 4 日，3000 多名学生高呼“外争国权，内除国贼”“还我青岛！还我山东！”等口号，举行了一场浩浩荡荡的反帝爱国大游行。随后遭到军警的镇压，32 名学生被捕。

为营救同学，5 月 5 日，北京学生举行总罢课，并通电全国，各地学生纷纷响应。两天后，被捕学生获释。6 月 3 日至 4 日，6000 名学生再次走向街头游行演讲，近 900 名学生被捕。

为了声援学生，6 月 5 日起，上海铁路、纺织、电车、船坞、轮船等多个行业的 10 多万工人和店员举行罢工。天津、杭州、九江等全国 100 多个大小城市的工人，也相继罢工支持。

五四运动以彻底反帝反封建的革命性、追求救国强国真理的进步性、各族各界群众积极参与的广泛性，推动了中国社会进步，促进了马克思主义在中国的传播，促进了马克思主义同中国工人运动的结合。孕育了以爱国、进步、民主、科学为主要内容的伟大五四精神，为中国共产党成立做了思想上、干部上的准备。

在五四运动前后，因陈独秀、李大钊的一系列革命活动，反动军警加强了监视，他们的人身安全都受到了威胁。

1920 年 2 月 12 日，农历春节前夕，李大钊和陈独秀两人装扮成年底收账的老板和账房先生，雇用一辆骡车，离开北京南下。从北京到天津 150 多公里，骡车行走了 2 天。天寒地冻、漫天阴霾，颠簸辛苦，他们全然不顾，在冰冷的骡车里满怀激情地讨论着，相约在北京和上海分头筹备建立党组织。

这就是“南陈北李，相约建党”的故事。1920 年 8 月后，陈独秀在上海成立中国共产党发起组、李大钊在北京成立了共产主义小组，之后，武汉、长沙、广州、济南等地相继成立共产主义小组，为中国共产党的成立奠定了组织基础。

“国家不可一日无青年，青年不可一日无觉醒。”这是李大钊在《晨钟报》创刊号上写下的话。

五四运动前后，我国一批先进知识分子和革命青年，在追求真理中传播新思想新文化，实现了中国人民和中华民族自鸦片战争以来第一次全面觉醒。

时间之河奔流不息，每一代青年都有自己的际遇和机缘，都要在自己所处的时代坐标上谋划人生、创造历史，以“不可一日无觉醒”鞭策自己，肩负新使命、踏上新征程，在伟大的时代赢得更加出彩的人生。

开天辟地

“起来，被咒骂跟着的，全世界的恶人与奴隶。”

1921年，中国共产党诞生，这是中国历史上开天辟地的大事变。100年后，中国共产党已经发展成为一个在最大的社会主义国家执政70多年，拥有9100多万党员的世界上最大的马克思主义执政党。

回首百年光辉历程，上海中共一大会址、浙江嘉兴南湖红船，是中国共产党梦想起航的地方。这两个具有重要标志意义的中国革命原点，在沧桑岁月里闪耀着夺目的光芒。

在上海兴业路76号，石库门一处寻常巷陌里，有着一幢交错着青红砖、镶嵌着白色粉线、高悬着矾红雕花门楣的小楼，中国共产党第一次全国代表大会就是在这里举行的。

1921年7月23日，毛泽东、何叔衡、董必武等13名中共一大代表，与2名共产国际代表一起，就在这幢小楼的一楼客厅围桌而坐，召开中国共产党第一次全国代表大会。会议进行到第7天，正在代表们热烈讨论的时候，突然一阵“砰砰砰”的敲门声急促响起，一个不速之客闯入会场，寒暄几句后匆匆离去。有着丰富秘密工作经验的共产国际代表马林嗅到了危险气息，并且建议马上休会，大家赶快分头离开此地，只留下李汉俊、陈公博两人。

这个“不速之客”就是法租界巡捕房的密探程子卿。代表们撤离后不到15分钟，巡捕房就开来两辆警车，从车上冲出10多人包围了李汉俊的住宅并冲进公馆严密搜查，最后因为没有搜查到有价值的东西，只好怏怏而去。

为了安全起见，中国共产党第一次全国代表大会最后一天的会议，紧急转移到浙江嘉兴南湖的一条游船上举行。这条船长16米、宽3米，有前舱、中舱、房舱、后舱。当年，就在它的中舱，中共一大继续召开，通过了《中国共产党第一个纲领》和《中国共产党第一个决议》两个文件，随后轻呼口号，宣告中国共产党诞生。

中共一大代表平均年龄28岁，而毛泽东当时正好28岁。28年后，也就是1949年，中华人民共和国成立。正是因为中国共产党第一次全国代表大会，让这艘红船承载着中国革命的火种，开启了中国共产党的跨世纪航程。

在中华民族内忧外患、社会危机空前深重的背景下，中国共产党诞生了。这是开天辟地的大事变。中国共产党是由马克思主义武装起来的先进政党。中国共产党带领着全国人民，不断地从胜利走向胜利，终于彻底推翻了帝国主义、封建主义、官僚资本主义三座大山，建立了人民当家作主的新中国。

2017 年 10 月 31 日，习近平总书记在参观南湖革命纪念馆时指出：上海党的一大会址、嘉兴南湖红船是我们党梦想启航的地方。我们党从这里诞生，从这里出征，从这里走向全国执政。这里是我们党的根脉。

如今，在中国共产党的带领下，中国人民已迈上中华民族伟大复兴的新征程。抚今思昔，足以证明初心信仰的力量和历史洪流的不可阻挡。

去掉 100 年的“时差”，先辈其实与新时代的我们“同龄同青春”。他们用一生践行的初心，正穿越过时空，指引我们走向光辉的未来。

我们唯有不忘初心，方可告慰历史、告慰先辈。而这份初心，在新时代的具体体现，就是全心全意为人民服务，以实现中华民族伟大复兴的中国梦为己任、为使命，“长风破浪会有时，直挂云帆济沧海”。

真理的味道非常甜

都说真理是火，信仰是光。在20世纪初，就有这样一本代表着真理与信仰的由外国人写的小册子传入了中国，对中国产生了巨大的影响，可以说每一个中国共产党人，都对这本书有着深厚的感情，这本书就是100多年前出版的《共产党宣言》。100多年来，这本书吸引无数革命志士为之赴汤蹈火，奋斗终生。

1891年1月18日出生于浙江义乌分水塘村的陈望道先生，就是这样一位追光青年。在上海杨浦区的《共产党宣言》展示馆里，就记载着陈望道翻译《共产党宣言》的故事。

1842年2月，马克思、恩格斯创作的全世界第一个共产党人的纲领——《共产党宣言》在伦敦第一次以单行本的形式问世。

19世纪末20世纪初，《共产党宣言》通过《万国公报》《民报》等刊物的摘登传入了中国，但都只是只言片语，一直没有中文版《共产党宣言》通篇译文的发表。于是，将《共产党宣言》全部译成中文，成为当时许多革命知识分子的迫切愿望。

早年留学日本，日文和英文俱佳的陈望道回国后，参与了陈独秀在上海组织的一系列活动。

1920 年 2 月至 4 月，在家乡义乌分水塘村，陈望道参考日本《社会主义研究》创刊号所收的日文版《共产党宣言》，和陈独秀通过李大钊从北京大学图书馆借来的英文版《共产党宣言》，翻译出历史上第一本完整的中文版的《共产党宣言》。

有一天年轻的陈望道在浙江义乌的家里翻译这本书的时候，他的妈妈在外面喊着说：“你吃粽子要蘸红糖水，吃了吗？”他说：“吃了吃了，甜极了！”老太太进门一看，陈望道的嘴上全是黑墨水。原来他没蘸旁边的一碗红糖水，把那个黑墨水给蘸着喝了。但是他浑然不觉，还说，“可甜了可甜了”。

后来，习近平总书记多次讲到这个故事时，说“真理的味道是甜的”。

1920 年 5 月中旬，陈望道来到上海，将译稿交由陈独秀和李汉俊校阅。几经磨砺后，同年 8 月，由“又新印刷所”印刷。以社会主义研究社名义出版的《共产党宣言》中文首译本，终于付梓，共计初版印刷 1000 册。

《共产党宣言》中文首译本，全书 56 页，高 18.1 厘米、宽 12.4 厘米，封面印着红底的马克思半身坐像。翻开小册子，内页是用 5 号铅字竖版直排，无扉页及序言，亦没有目录，风格简洁。今天，在上海中共一大纪念馆里面，还能看到这个首译本。

《共产党宣言》中文首译本由于印刷工人的粗心，书名被错印成《共党产宣言》。译作推出后，迅速掀起了一股购买与阅读热潮，很快便卖完。

9月，在勘误之后，《共产党宣言》中译本发行了第2版，封面的马克思坐像底色改为蓝色。与初版一样，第2版同样热销，以至许多读者致信《新青年》《民国日报》，询问购书事宜。到1926年5月时，该书已是第17版，发行数十万份，流传极广、影响极大。

毛泽东终身酷爱读书。在他的一生中，读的遍数最多、读得最熟、读的时间最长的一本书就是马克思、恩格斯著的《共产党宣言》。毛泽东曾说过："马列主义的书要经常读。《共产党宣言》，我看了不下一百遍。遇到问题，我就翻阅马克思的《共产党宣言》，有时只阅读一两段，有时全篇都读。每读一次，我都有新的启发。我写《新民主主义论》时，《共产党宣言》就翻阅过多次。读马克思主义理论在于应用，要应用就要经常读，重点读。"

174年来，《共产党宣言》已经用200多种语言文字出版，有1000多种版本，是世界上发行量最大、传播最广、影响最大的人文社科著作。

墨汁当然不是甜的，但在有信仰的共产党人心中，真理的味道是甜的。正因为这种无以言喻的精神之甘、信仰之甜，无数的革命先辈，才情愿吃百般苦、甘心受千般难。生活在新时代的青年，就应当与真理为伍，高举信仰的火炬，接力奉献于前辈们所追求的事业，自觉投身于中国特色社会主义伟大事业。

从前是牛马，现在要做人

“我们不是牛马，我们是人。
我们不是牛马，我们是人。”

1922 年 9 月 14 日凌晨 2 点，震撼全国的安源路矿工人大罢工爆发。这是中国共产党第一次独立领导并取得完全胜利的工人运动，这是中国工人运动史上的壮举，有力推进了马克思主义与中国工人运动相结合。

安源路矿是株萍铁路（1899 年筑建）和萍乡煤矿（1898 年开办）的合称，工人最多的时候有 1.3 万多人。安源路矿的很多工人都没有眉毛，这是因为下矿井的巷道很窄，工人只能趴在地上去拖煤，嘴里衔着一盏煤油灯，油灯会把工人的眉毛烧焦。

“少年进炭棚，老来背竹筒；病了赶你走，死了不如狗。”在帝国主义、封建势力和官僚买办的压榨下，工人过着极其悲惨的生活。

哪里有压迫，哪里就有反抗！从 1901 年到 1919 年，安源路矿工人先后进行了七次较大规模的自发斗争，但是，由于没有工人阶级政党的领导，这些斗争都以失败告终。

直到1921年秋天，中共湖南支部书记毛泽东以教书先生的身份来到安源。他下到矿井，与工人交谈，目睹了工人们的悲惨现状。毛泽东意识到，安源是工人运动可能很快发动起来的地方。

3个月后，毛泽东委派在法国参加过工人运动的李立三来到安源，开办了工人夜校。

1922年2月，中国共产党在产业工人中的第一个党支部——中共安源路矿支部成立。同年5月，安源路矿工人俱乐部成立。从此安源路矿工人有了自己的靠山，斗争的情绪也不断高涨。1922年9月初，毛泽东再次来到安源，对罢工作了部署。接着，党组织又派刘少奇到安源，参与领导即将爆发的安源路矿工人大罢工。

1922年9月14日凌晨2点，铁路工人停开了萍乡至安源的列车，鸣放汽笛；工人潮水般地从矿井、工棚、街头巷尾各个方向一涌而出，疾声高呼着“从前是牛马，现在要做人”的口号。在万众一心的口号声中，罢工持续到第4天，路矿当局万般无奈，答应和工人谈判。这个任务就落到了年仅24岁的刘少奇的身上。

当时参与谈判的戒严司令威胁说：“如果继续作乱，就把你先行正法！”

刘少奇不慌不忙地站起来，斩钉截铁地说道：“万余工人的要求正正当当，就算把我砍成肉泥，也在所不惜！”

戒严司令吼叫着："你有万余工人，我有万余军队在此！"

刘少奇毫无惧色，走到窗前，推开窗户，愤然地说："那就请你下令制裁去吧！"

这时，窗外传来了工人巨雷般的怒吼声："谁敢动刘代表一根毫毛，我们就把路矿两局砸得片甲不留。"

面对工人们的坚强团结、英勇斗争。路矿当局不得不答应工人们的正义要求。9月18日，安源路矿工人俱乐部与路矿两局代表正式签订《十三条协议》。保障工人权利、增加工资、改善待遇、发清欠饷等按要求全部满足。标志着安源路矿工人罢工取得完全胜利。

安源，中国工人运动的摇篮。这件长47厘米，宽30厘米的国家一级文物《十三条协议》就珍藏在安源路矿工人运动纪念馆。它是近代史上影响深远的安源路矿工人大罢工的胜利成果。回顾这段历史，我们能更加深切地体会到，只有在党组织的坚强领导下，工人阶级才能发挥出磅礴的力量。如今"义无反顾、团结奋斗、勇于开拓、敢为人先"的安源精神，更是我们新时代青年奋斗青春的精神力量。

农民运动好得很

在武昌都府堤41号，有这样一栋典型的晚清江南风格民宅。青砖黑瓦，堂屋厢房。在这里，毛泽东和夫人杨开慧、儿子毛岸英、毛岸青、毛岸龙度过了最后一段美好的家庭生活。也是在这里，毛泽东写就了《湖南农民运动考察报告》，燃起了照亮中国农民革命运动前程的灯光。

“孙中山先生致力国民革命凡四十年，所要做而没有做到的事，农民在几个月内做到了，这是四十年乃至几千年来未曾成就过的奇勋。这是好得很。”

这是毛泽东经过大量调查研究，1927年3月在《湖南农民运动考察报告》中写下的一段话。这段话铿锵有力，掷地有声，肯定了农民运动的巨大功绩。

20世纪20年代早期，彭湃领导的广东海陆丰地区的农民运动以及刘东轩等人领导的湖南衡山县岳北地区的农民运动就开展了起来。为了推动农民运动进一步发展，在中国共产党倡议下，1924年7月到1926年9月，在广州举办了六届农民运动讲习所，培训了700多名农民运动的骨干。

1926年11月，中共中央成立农民运动委员会，毛泽东担任书记，决定以湖南、湖北、江西、河南4省农民运动为重点，同时在四川、广西、安徽、江苏等7个省全面推动农民运动。

声势浩大的农民运动在中华大地席卷开来。1927年1月，湖南农民协会会员达到200万，直接领导的群众1000万，全省将近50%的农民组织了起来，是全国农民运动的样板。

轰轰烈烈的农民运动，攻击的矛头直指土豪劣绅、不法地主，旁及各种宗法思想和制度、城里的贪官污吏以及乡村的恶劣习惯。地主政权被打倒后，“一切权力归农会”，农民运动演变成了一场深刻的农村社会大革命。

但是，蓬勃发展的农民运动，遭到了国民党右派和封建地主豪绅的诋毁和破坏，被污蔑成“痞子运动”“糟得很”，同时也遭到了党内右倾错误领导者的怀疑和责难。

农民运动到底是“糟得很”还是“好得很”？为了回答这个问题，1927年1月4日至2月5日，毛泽东从武汉来到当时农民运动发展最为迅猛的湖南进行考察。在这32天的时间里，身穿蓝布长衫、意气风发的毛泽东，步行700多公里，实地考察了湘潭、湘乡、衡山、醴陵、长沙等县的农民运动。

1927年2月12日，毛泽东回到武汉武昌都府堤41号的住所。他就着微弱的煤油灯光，通宵达旦地伏案疾书，写出了2万多字的给中央的汇报材料——《湖南农民运动考察报告》。

在报告中，他说："农民的举动，完全是对的，他们的举动好得很！"毛泽东提出农民是"革命先锋"，在运动中做了十四件大事，对每一件，他都列举了详尽的事实进行力证。

1927 年 3 月 5 日，中国革命史上的重要文献《湖南农民运动考察报告》先后在中共湖南区委机关刊物《战士》周报、汉口《民国日报》、《湖南民报》等刊物上以连载的形式正式发表。

轰轰烈烈的农民运动，动摇了帝国主义、封建主义在中国统治的基础。轰轰烈烈的农民运动，在中国革命史上灿烂辉煌，在马克思主义中国化进程中占有重要地位。

毛泽东在考察湖南农民运动时，注重实地调查、深入了解国情的做法。随着时间的推移，愈发彰显出其中蕴含的深邃智慧、为民初心。

这一切，都值得我们每一位新时代的青年铭记、传承。从中汲取更多前行的力量，为中华民族的伟大复兴奉献自己的星星之火。而这点点星火，终将与95年前的那盏灯火一起，汇成不负家国、照亮史册的浩瀚星海。

我们的原则是党指挥枪

90 多年前，古田还只是一个默默无闻的小镇。矗立在这里百余年的廖家祠堂，在历史的经纬线上，见证了一个神奇而伟大的转折，这就是闻名遐迩的古田会议。

参天古木遮映下，“古田会议永放光芒”八个大字格外耀眼。古田是我党确立思想建党、政治建军原则的地方，是我军政治工作奠基的地方，是新型人民军队定型的地方。

1927 年 9 月 29 日，毛泽东率领的秋收起义部队在江西永新三湾进行改编。决定部队内部实行民主制度，建立士兵委员会，实行政治民主、经济公开、官兵平等。提出了“支部建在连上”的原则，确定党对军队的绝对领导。

1928 年 4 月，毛泽东率领的秋收起义部队与朱德、陈毅率领的湘南起义和南昌起义部分部队在井冈山胜利会师。改编为中国工农红军第四军，简称红四军。

会师后的部队，成分复杂，一部分来自军阀，一部分来自工人，多数则来自农民。政治思想工作缺失，极端民主化、唯军事论、流寇主义和军阀主义思想在红四军内滋长严重，极大地影响了队伍的健康发展。

建立一支什么性质的军队？如何领导好这支军队？年轻的中国共产党指挥着年轻的红军，在战火硝烟、血火考验中探索着前路。

1929 年，毛泽东、朱德率领红四军转战赣南、闽西。这年的 12 月 28 日至 29 日，中国工农红军第四军第九次代表大会（即古田会议）在古田镇的曙光小学召开。120 多位红四军党代表、士兵代表、地方干部代表和妇女代表参加了会议。

古田会议期间，正是大雪纷飞的寒冬季节，与会代表大都衣着单薄，有的还穿着单衣和草鞋。严寒难御，便在会场内堆起木炭烤火取暖。会议室地板上几处当年炭火烧烤留下的斑斑痕迹，至今仍然清晰可见。

在古田会议纪念馆里，一件件文物、一组组数字，重现了党领导创建新型人民军队的峥嵘岁月。会议通过了著名的《古田会议决议》，明确规定了红军的性质、宗旨和使命任务，指出：红军是一个执行革命的政治任务的武装集团，必须绝对服从党的领导。

这次会议成功解决了党和军队建设一系列根本性、方向性的重大问题，开启了中国革命“成功从这里开始、胜利从这里开始”

的光辉起点，成为党和人民军队建设史上一座光辉的里程碑。人民军队由此“浴火重生”，走向“红旗漫卷”。

1938 年 11 月 6 日，在中共六届六中全会上，毛泽东形象地将党对军队绝对领导原则表述为“我们的原则是党指挥枪，而决不容许枪指挥党”。

2014 年 10 月 30 日，被称为“新古田会议”的全军政治工作会议在古田召开。习近平出席并发表重要讲话。他指出，全军必须“加强和改进新形势下我军政治工作，充分发挥政治工作对强军兴军的生命线作用”。

2017 年 8 月 1 日，在庆祝中国人民解放军建军 90 周年大会上，习近平总书记指出，党对军队绝对领导的根本原则和制度，发端于南昌起义，奠基于三湾改编，定型于古田会议，是人民军队完全区别于一切旧军队的政治特质和根本优势。

90 多年前，一支建党 8 年、建军 2 年的红色革命队伍，在这个小镇探索出了“思想建党、政治建军”的光辉道路。

红色基因薪火相传、革命精神历久弥新。作为一名新时代青年，我们要筑牢政治底色，忠诚心向党，追求真理、坚持原则、大胆创新，做走在时代前列的开拓者、奋进者、奉献者。

半条被子的温暖

“什么是共产党？共产党就是自己有一条被子，也要剪下半条给老百姓的人！”

这是 1934 年 11 月 7 日，发生在湖南汝城县沙洲村的一个真实故事。这一天，红军进驻沙洲村，村民受挨户团反面宣传影响，都躲到大山里去了。有一位名叫徐解秀的村民，因为一岁的儿子生着病，又裹着小脚，只好和丈夫带着小孩留在家里。她发现红军并没有乱动村民的东西，还帮村里打扫巷道，就让丈夫朱兰方去叫村民快快回来。

红军纪律严明，战士们睡在屋檐下、空地里。那天晚上下着雨，又冷又湿。徐解秀看到门外有三位疲惫不堪的女红军，就把她们请进家来，怕红军们着凉，熬了姜汤给她们喝，烧了热水给她们泡脚。徐解秀领着三名女红军来到厢房，让她们和母子俩一起睡。简陋的木板床上只有一条破棉絮和一件旧蓑衣，女红军赶紧拿出她们的行军被。就这样，他们挤在这张小床上度过了初冬的寒夜。

第二天早上三位女红军起来，发现徐解秀的丈夫在厢房外边稻草堆里守护了她们一晚上，感动得眼睛都湿了。因为下一夜的雨，井水不能吃，女红军就帮徐解秀到河边拎水回来。早起做饭，女红军把她们带的大米拿出来煮粥，也请徐解秀全家一起吃。

女红军临走前，看到徐解秀家一贫如洗，她们要将行军被留给徐解秀。

“大姐，我们这一走，不知道什么时候还能回来。这床被子留下，给孩子当个纪念。”

“不行，我们家就是再穷，也不能要你的东西。”

三位女红军说：“我们干革命，为的就是老百姓。大嫂，我们是红军，没有我们吃不了的苦，没有我们克服不了的困难。”

大家你推我让，争执不下。这时，一位女红军从背包里拿出一把剪刀，将被子剪成两半，把一半留给徐解秀，拉着她的手哽咽着说：“大姐，这下您可别推了，这半条您就收下吧。等革命成功了，我们再来看你，到时候一定给您送条又新又暖和的棉被来。”徐解秀泪水哗地流了出来。

此后很多年，徐解秀会经常拖着小脚，拿上一张小板凳，坐在村口的滁水河边，望着三位女红军远去的方向。她常常跟儿孙们讲：“一定要跟共产党走！什么是共产党？共产党是自己只有一条被子，也要分给咱老百姓一半的好人。”

1984 年 11 月，经济日报社记者罗开富重走长征路，来到沙洲村。徐解秀为他讲述了半条被子的故事：“记者同志，当年给我半条被子的三位红军姑娘，如今你晓得她们在哪里？”

老人含着泪，还拿出了三位女红军用过的火钳、火桶和凳子：“我现在过得很好，不愁没有被子盖了，可三位姑娘过得好不好，怎么现在还没来看我？”听了徐解秀的讲述，罗开富满怀激情写下了《当年赠被情谊深，如今亲人在何方》的报道。

看了这篇报道，邓颖超、蔡畅、谢飞等参加过长征的女红军在全国发起了寻找三位女红军的倡议，并请罗开富转达对老区人民的问候：“悠悠五十载，沧海变桑田。可那些在革命最艰难的时候帮助过红军的父老乡亲们，我们没有忘记。”“我们也想念大爷、大娘、大哥、大嫂们！”遗憾的是，英雄已无觅处，始终没有三位女红军确切的音信。

1991 年，邓颖超托罗开富给徐解秀送去一床被子。可徐解秀老人已经去世，没能亲手收到这份来自红军的温暖。

什么是共产党？共产党就是自己有一条被子，也要剪下半条给老百姓的人。新时代、新使命、新征程。“半条被子”彰显的时代精神，昭示我们要坚持以人民为中心，走好新时代的长征路，谱写党和人民鱼水深情的新篇章。

红军四姐弟

有一位老人名叫蹇先佛，已经有106岁高龄了。她出生于湖南省慈利县，是目前仍然健在的参加过长征的老红军。鲜为人知的是，她一家四姐弟都先后参加了红军，是中国革命史上的一段佳话。

1934年，18岁的蹇先佛参加红军后，在部队做宣传工作。1935年10月，经任弼时和贺龙介绍，她与红六军团军团长萧克结婚。参加长征时蹇先佛已怀有身孕，在进入草地的第一天，孩子就要出生了。闻讯赶来的丈夫萧克好不容易找到了一处藏民放牧遗弃的土围子作为产房。

萧克给孩子取了个名字叫“堡生”，意为在草地“土堡”里出生的儿子。蹇先佛带着儿子，以坚强的毅力，走过了漫漫长征路。

与蹇先佛一起被称为“长征路上姊妹花”的是她的姐姐蹇先任。1927年5月，长沙发生“马日事变”。反动军阀大肆搜捕、屠杀共产党人。已经加入共产党的蹇先任经人介绍，秘密进入湘鄂西革命根据地。正式加入贺龙领导的红军队伍，并成为贫苦红军战士的文化教员。

1929 年 9 月，蹇先任与贺龙结婚。第二年，生下第一个孩子。之后，她带着不满周岁的孩子，跟着贺龙的部队颠沛流离于根据地。最后，孩子饿死在自己怀里，自己也进了敌人的监狱。

在一个风雨交加的夜晚，蹇先任从监狱逃出，装扮成乞丐，一路乞讨回慈利老家，到处打探贺龙部队的消息。1934 年 10 月，她历经千辛万苦，终于在大庸县境内找到了贺龙率领的红二军团。

1935 年 10 月底，部队打了个大胜仗，捷报传来的时候，蹇先任生下第二个孩子，贺龙给孩子取名贺捷生。为了突破敌人的“围剿”，1935 年 11 月 19 日，任弼时、贺龙、萧克率红二、六军团主力，从桑植县刘家坪和瑞塔铺出发，开始艰难的长征。蹇先任不得不带着才出生 20 天的贺捷生，随部队参加长征。

蹇先佛的哥哥蹇先为，1926 年底，当时只有 15 岁的他就加入了中国共产党。1928 年底，他辗转到达湘鄂边，参加了贺龙率领的工农红军。

1930 年 7 月，蹇先为任红二军团士兵委员会主席，参加攻克天门、应城、京山、皂市、安陆等战斗。1931 年春，蹇先为任湘鄂边红军第一纵队参谋长。1931 年秋，蹇先为被任命为中共湘鄂西特委巡视员。1932 年夏，蹇先为随中共鹤峰县委转移途中，遭遇慈利县保安团，队伍被打散。因叛徒出卖，蹇先为被敌人逮捕，随后被杀害，牺牲时年仅 21 岁。

与蹇先佛同时投笔从戎，参加红军的还有她的弟弟蹇先超。他当时只有 15 岁，参加长征时还不到 17 岁。

1936 年 7 月，蹇先超随红二方面军进入茫茫草地。

作为最后一支过草地的部队，除了极端恶劣的天气和随时会吞人的泥沼外，饥饿也成了他们面临的头号敌人，有的人走着走着就倒下了。

蹇先超是个“红小鬼”，进入草地第 5 天，饿得浑身无力的他实在是走不动了，就对同行的人说：“你们先走，我坐下来休息一会儿。”谁知他再也没有起来，牺牲时还不满 16 岁。

对于生活在新时代的青年来说，长征是一部很好的教科书，而红军四姐弟的故事就是书中十分精彩的章节。

回望百年历史，中华儿女在中国共产党的领导下，前赴后继，英勇奋斗，留下了一个个感天动地、可歌可泣的英雄故事。

学史可以明理，学史可以崇德。讲好英雄故事，从中汲取精神力量，就是我们学史力行的必修课。

华北之大，已经安放不得一张平静的书桌

民族苦难，时局动荡。曾经的中国，就是这副模样。

1931 年九一八事变之后，日本帝国主义加紧了侵略中国的步伐。他们在东北地区扶植建立伪满洲国，推行殖民统治。

之后，他们不断加强对华北地区的侵略力度，煽动所谓的“华北五省自治”，企图建立第二个伪满洲国。同时，继续利用南京国民政府的不抵抗政策，把侵略的魔爪伸向华北大地。

南京国民政府则一再妥协退让，与日本签订《何梅协定》，将河北主权拱手相送；还对人民的抗日意愿和行动进行严厉压制。

终于，在 1935 年的 12 月 9 日，沉寂、压抑许久的古都北平（今北京），传来了一声又一声源自民愿、发自人心的抗日怒吼。

“华北之大，已经安放不得一张平静的书桌了！”

上千名请愿的学生冲上街头，无惧军警宪兵的恐吓。

他们为捍卫民族利益和尊严而大声呐喊，为国家和民族的安危而振臂高呼，发动了一场声势浩大的游行示威，这便是震惊中外的一二·九运动。

12 月 9 日，北平数千名学生在黄敬、姚依林等的组织领导下涌上街头，奔向新华门，振臂高呼“打倒日本帝国主义！”“全国武装起来，保卫华北！”“立即停止内战！”“打倒卖国贼！”“反对苛捐杂税！”等口号。

一二·九的抗日怒吼，震撼了北平，很快传遍了国内外。

国民党当局对北平学生的爱国行动极为恐慌，下令严禁学生的爱国行为，还下令成立“冀察政务委员会”，企图改变华北的行政体制，但爱国学生的抗日烈火是扑不灭的。

一星期后，上万人的“一二·一六”游行示威接棒爆发。

在北平学生爱国运动的强烈影响下，全国各地云集响应。一时间，黄河两岸，大江南北，都吹响了抗日救亡的号角。

一二·九运动是一场伟大的反对日本帝国主义侵略的爱国救亡运动。它标志着“中国革命新时期”的开始，具有重要的历史意义。青年学生们在斗争中表现出的爱国热情和所选择的革命道路，至今仍具有重大的现实启示。

而这一切，都离不开中国共产党的组织与领导。

一二·九运动的发生，跟中国共产党有着十分密切的关系。

毛泽东同志曾经说过，青年学生好比是一二·九运动的柴火，一切都准备好了，只差用火一点。点火的人是谁呢？就是共产党。

为什么这么说呢？

一是共产党的《八一宣言》给青年学生们提供了一个明确的政治方针。

二是红军到了陕北，配合了北方的抗日救亡运动。

三是中共北方局和上海等地的地下党组织的直接领导。

一二·九运动公开揭露了日本帝国主义侵略中国、企图吞并华北的阴谋，破坏了国民党政府的不抵抗政策，更是唤醒了中国人民的抗战意识。它标志着中国人民抗日民主运动新高潮的到来。

一二·九运动是动员全民族抗战的运动。

它准备了抗战的思想，准备了抗战的人心，准备了抗战的干部，将九一八事变以来中国人民抗日救亡运动推向了最高潮，促进了中华民族的空前觉醒！

时光飞逝，往事如烟，一代青年有一代青年的责任。87 年前，他们那一代青年人为捍卫民族利益和尊严而大声呐喊；87 年后，我们这一代青年人更要激扬青春、开拓人生、奉献社会，书写无愧于时代的壮丽篇章！

到敌人后方去

“不论西，不论东，从北平，到南京，到处有我们游击队，到处有我们好弟兄……”

这首由赵启海作词、冼星海谱曲，刻画豪迈勇敢的游击战士、波澜壮阔的人民战争的《到敌人后方去》，在1938年9月完成创作后，很快传唱至各抗日根据地。鼓舞着广大人民群众抗战到底的决心和勇气，引领无数仁人志士投身抗日救亡的伟大事业。

《到敌人后方去》这首歌词曲通俗易懂，旋律朗朗上口，是当时脍炙人口的抗日宣传歌曲，许多热血青年都是因为这首歌的激励，深入敌后，英勇作战、保家卫国。

1937年7月7日，卢沟桥事变爆发，日军全面侵华。一个多月后，中共中央在陕北洛川召开政治局扩大会议，指出抗日战争必须动员全中华民族的力量实行全面抗战，这是我们战胜敌人的必备条件。会议决定，在敌人后方放手发动独立自主的山地游击战争，配合正面战场，开辟敌后战场，建立敌后抗日根据地。

很多人也许会有这样的疑问：为什么我们党选择建立敌后根据地呢？抗战时期，中国共产党针对中日双方的特点，对战争发展阶段、战争形式、斗争方法、战争经验、战争的主体和主动性、获胜的依据和条件等问题进行了科学分析。提出了持久战和抗日游击战的军事战略方针，为抗日战争如何以弱胜强指明了道路。

全面抗战爆发后，八路军开赴华北前线展开对日作战。首战平型关就取得了全国抗战以来中国军队的第一个大胜利，极大地振奋了全国民心士气。

八路军先后开辟了晋察冀、晋西北和大青山、晋冀豫、晋西南、山东等抗日根据地。新四军则开赴苏南、皖南、皖中地区创建了华中抗日根据地。同时，我党在白山黑水之间领导的东北抗日联军，也在积极地配合全国的抗战。

在艰苦卓绝的对日战争中，抗日根据地军民因地制宜，用自己的智慧创造出了地雷战、地道战、麻雀战、破袭战、车轮战、围困战等战争形式，陷日军于人民战争的汪洋大海之中，成为人类战争史上的奇观。

冀中平原军民发明的地道战战果特别精彩！地道战的特色是“村村是阵地、户户是堡垒”。冀中地区军民根据地域特点，开挖秘密地道，最终形成了“户户相通、街道相通、各洞相通、各村相通”，能攻、能守、能藏和能打的战斗地道。

“今天攻下来一个村，明天夺回来一座城，叫鬼子顾西不顾东，叫鬼子军力不集中。”《到敌人后方去》里的这几句歌词生动形象地描绘了敌后战场的特点。抗日根据地广大军民积小胜为大胜，从青纱帐里的敌后武装，到“以血肉之躯消灭精良装备”的百团大战，敌后抗日武装力量牵制和消灭了大量日伪军，有力地配合了正面战场的对敌斗争。

通过开辟敌后战场，创建抗日根据地。在整个抗战期间，中国共产党领导抗日军民共作战12.5万余次，歼灭日伪军171.4万余人，牵制住了60%的日伪军，创建了面积约100万平方公里、人口约1亿的根据地。

习近平总书记指出，中国共产党以卓越的政治领导力和正确的战略策略，指引了中国抗战的前进方向。中国共产党人勇敢战斗在抗日战争最前线，支撑起中华民族救亡图存的希望，成为全民族抗战的中流砥柱！

从抗击日本侵略者的中流砥柱，到领导中华民族实现伟大复兴的坚强核心，中国共产党始终站在时代的最前列，勇担历史使命，始终是中国人民的主心骨。

今天，和平年代里的《到敌人后方去》依旧传唱不朽，激昂旋律已成为抗战历史的背景音，成为融入中国人血液中的家国记忆。重温抗日战争历史，更加坚定了我们“不忘初心跟党走”的决心。

蒙达尔纪见证美好初心

中国旅法勤工俭学蒙达尔纪纪念馆，坐落在法国中央大区的蒙达尔纪市雷特列街15号，它是湖南省唯一自管、自有的海外红色纪念馆，2016年8月26日正式对外开放。

20世纪20年代，这里有我们熟知的身影，蔡和森、李维汉、向警予、蔡畅……他们有着共同的身份——新民学会会员。

为了探寻人生道路、民族出路，他们走出国门，勤工俭学，团结向上，寻求真理。

这场轰轰烈烈的青年运动，毛泽东、蔡和森是发起者和组织者。他们俩提出“开展大规模的自由研究”，并形成在当时国内绝无仅有的探索方式：毛泽东率部分新民学会会员留在国内探索，蔡和森率部分新民学会会员赴法国探索。

青年毛泽东虽未亲赴法国，但想方设法为赴法青年们筹集旅费，还两次赶往上海给他们话别送行。他们满怀激情，依依惜别，一张张泛黄的照片，鲜活地见证了老一辈革命家为救国救民追求真理的初心。

与所有出国留学生一样，他们所面临的是语言问题。语言不通，百事难为。因此，很多留学生到法国后首先去学校学习法文，去工厂做工练口语。

为了尽快掌握法文、获取真理，蔡和森创造了独特的“聋哑式”学习法：“日惟手字典一册，报纸两页”，每天在杜吉公园看法国最新最近的报刊，他不求听得懂、说得出法文，只求看得懂、译得出法文，凭着“猛看猛译”的功夫，短短5个多月的时间，竟译出法文版的《共产党宣言》《社会主义从空想到科学的发展》、列宁的《共产主义“左派”幼稚病》《国家与革命》《无产阶级革命和叛徒考茨基》等著作中的重要章节，他顿觉“门路大开，以世界大势律中国，对于改造计划略具规模”，思想上因此产生了质的飞跃——用马克思主义方法来拯救中国。他给毛泽东写信，希望“明目张胆正式成立一个中国共产党”，毛泽东回信表示赞同：“你这一封信见地极当，我没有一个字不赞成。”这是建党先声，也是时代强音。毛泽东不仅把这些书信转给新民学会会员传阅，还送给报刊公开发表。在他们的影响下，许多人坚定地选择了共产主义道路。

在蒙达尔纪纪念馆，有一座特别醒目的结婚雕塑，为纪念馆平添了几分浪漫和温馨。雕塑中英俊帅气的男士就是蔡和森，旁边温婉美丽的女士就是向警予。他们因为共同的革命理想，而走到了一起，被称为“向蔡同盟”。

回国后，他们带着革命的火种，分赴祖国各地播撒红色的种子。1928 年，由于叛徒的出卖，向警予在武汉被捕。5 月 1 日，这个全世界劳动者的节日，她换上在蒙达尔纪结婚时穿过的旗袍，走向刑场，对沿途群众发表演讲，奋力高唱《国际歌》。得知警予牺牲的噩耗，蔡和森失声痛哭。他将最深情的呼唤留给她已离去的妻子：“伟大的警予，英勇的警予，你没有死，你永远没有死！你不是和森个人的爱人，你是中国无产阶级永远的爱人！”1931 年，蔡和森也因为叛徒的出卖而英勇牺牲。这对中国共产党历史上最早的党员夫妻，用一生践行了当初的承诺与誓言。

时光走过了百年，革命精神从未曾褪色。2019 年 3 月 25 日，国家主席习近平在巴黎爱丽舍宫同法国总统马克龙一同参观了中法建交 55 周年和留法勤工俭学运动 100 周年图片展。

陈列在中国旅法勤工俭学蒙达尔纪纪念馆里的每一张照片，都是那段光辉岁月的最好见证，都能让我们真切触摸到那一群探寻真理、追求进步的有志青年的最美初心，必将激励我们沿着他们的足迹在新的征程上奋勇前行！

团旗下的青春之歌

在广州市城区，越秀南路与东园横路交界处，有一座醒目的红砂岩团旗雕塑，这面鲜艳的团旗，仿佛一本打开的书，讲述着100年来中国青年以热血与信仰写就的壮阔诗篇。

1919年5月4日，以学生斗争为先导的五四运动爆发，积蓄已久的反帝爱国情绪如火山般喷涌而出。这场运动是中国进步青年开展斗争的“冲锋号角”，也是信仰在实践当中的“全面升华”。

经过五四运动洗礼，一大批有着共同理想的进步青年，纷纷集合在马克思主义的伟大旗帜下，为中国社会主义青年团的建立提供了组织和人员准备。

1920年5月，陈独秀组建了秘密团体“马克思主义研究会”，并于8月成立了中国共产党早期组织。

同时，委派当时党小组内最年轻的俞秀松负责社会主义青年团的组建工作，1920年8月，中国第一个共产主义性质的青年团组织——上海社会主义青年团正式成立。

为了革命的发展和需要，李大钊、董必武、谭平山、毛泽东分别在北京、武汉、广州、长沙建立社会主义青年团。

中国各地的进步青年，纷纷汇入救亡图存的时代洪流。

“壮烈的死，苟且的生。贪生怕死，何如重死轻生！”这段诗词出自周恩来之手，纪念的人正是中国社会主义青年团员中最早的牺牲者——黄爱。

1920 年，23 岁的常德青年黄爱与庞人铨等组织湖南劳工会，发动工人为争取自己的权利和自由而斗争。

在毛泽东的帮助下，黄爱开始信仰马克思主义，并加入了中国社会主义青年团。

1921 年，他组织发动工人与长沙学界、社会各界联合举行集会和游行，反对美、英、日等国在华盛顿召开的“共同支配中国”的太平洋会议。

1922 年 1 月 13 日，他领导湖南第一纱厂工人开展罢工斗争。罢工遭到军阀血腥镇压。1 月 16 日，军阀派兵抓捕了黄爱等人，第二天就将其杀害。黄爱牺牲时，仅 25 岁。

革命斗争的发展迫切需要正式成立全国性的团组织。

1922 年 5 月 5 日，是无产阶级革命导师马克思诞辰 104 周年纪念日。就在这一天，中国社会主义青年团第一次全国代表大会在广州市东园召开，出席会议代表 25 人，代表 5000 多名团员。

大会通过了《中国社会主义青年团纲领》和《中国社会主义青年团章程》，并且一致决议中国社会主义青年团加入青年共产国际。

会议选举了团的领导机构，施存统被推选为团中央执行委员会书记。

至此，中国的青年团组织实现了思想上、组织上的完全统一，中国青年运动从此有了自己的核心。

1925 年 1 月，中国社会主义青年团在上海召开第三次全国代表大会，决定把团的名称改为中国共产主义青年团，“共青团”的名称便由此而来。

在党的领导下，青年团员们开展了轰轰烈烈的救亡图存运动，积极创办报刊传播马克思主义，为捍卫民族尊严置生死于度外，前仆后继，英勇斗争。共青团成为积极宣传马克思主义，发展党、团成员的重要主体，为中国早期共产主义运动作出了重大贡献。

时间长河奔腾不息，今天的我们虽已不再处于战火纷飞、黑暗动荡的社会，但身上也肩负着新的历史使命——推进中华民族伟大复兴。

共青团是共产党的“预备队”和“人才库”，是整个社会中最积极、最具生机的力量。作为一名新时代共青团员，我们应当以青春之我，创建青春之家庭，青春之国家，青春之民族，奋力谱写新时代的青春之歌。

刑场上的婚礼

这是一场特殊的婚礼，刑场就是结婚的礼堂，敌人的枪声就是结婚的礼炮；这场特殊的婚礼，没有鲜花，没有彩车，没有鞭炮，也没有祝福，有的只是敌人的囚车、镣铐和装满子弹的枪口……

这场特殊婚礼的主人公，就是周文雍和陈铁军两位烈士。

周文雍当时是广州起义领导者之一，陈铁军当时是中共两广区委妇女委员。

1927 年 12 月 11 日，震惊中外的广州起义爆发，给背叛革命的新军阀以沉重打击，但由于敌我力量悬殊，起义遭遇失败。

广州起义失败后，广州的党组织受到严重破坏，急需重建。于是，周文雍和陈铁军不顾个人安危，毅然接受广东省委的委托，秘密回到广州。

为了工作需要，他们假扮夫妻，掩护身份，在白色恐怖的恶劣环境下开展地下斗争。共同的革命理想和坚定的信仰，让他们互生爱慕，但迫于当时的特殊形势，他们只能把这种美好的情感、把对对方的爱深深地埋在心底，一直保持着纯洁的同志关系。

1928 年初，由于叛徒出卖，周文雍和陈铁军双双被捕。

在狱中，周文雍被施以“灌辣椒水”“坐老虎凳”“竹签钉指心”等各种惨无人道的酷刑，几次昏厥。

陈铁军受审时，面对威逼利诱，也毫不动摇。周文雍蘸着血写下了一首不朽的诗篇：“头可断，肢可折，革命精神不可灭。壮士头颅为党落，好汉身躯为群裂。”

在公开审判中，法官问他最后有什么要求时，周文雍毅然回答：“只要求和陈铁军同志一起照张相。”于是，周文雍和陈铁军就留下了一张著名的铁窗前的合照。

1928 年的 2 月 6 日，这一天，是中国传统的元宵节，天空飘着毛毛细雨，寒风刺骨。周文雍和陈铁军被分别押往广州东郊红花岗刑场。

在生命的最后时刻，面对围观的百姓，周文雍将埋藏在心底的爱情公布于众，陈铁军大声地呼喊道：“让反动派的枪声，作为我们结婚的礼炮吧！”

监刑官拔掉插在陈铁军身上的标明枪决的木签，解开捆绑的绳索，对她作最后的诱降。但陈铁军丝毫不予理会，立即跑到周文雍身边，两人紧紧地拥抱在一起，热烈地亲吻。

这时，刽子手的枪声响了。

就义时，周文雍年仅 23 岁，陈铁军 24 岁。

刑场上的婚礼，写下了革命者的爱情绝唱。他们的爱情像南国的木棉花一样灿烂。

今天，走在广州东郊的林荫小道上，突然想起鲁迅先生翻译的匈牙利诗人裴多菲的那首著名的诗："生命诚可贵，爱情价更高。若为自由故，二者皆可抛。"

新时代的我们怎样从先烈的身上汲取前行的力量，忠于党，忠于信仰，忠于事业，忠于爱情，是永远不变的情怀。

清风徐来，盛开的木棉花是对两位先烈的最好礼赞。

打响第一枪

走进南昌起义纪念馆，映入我们眼帘的是一座《石破天惊》圆雕：一只强劲有力的大手，从崩裂的石块中伸出，紧紧扣着扳机，傲指苍穹。

1927年，南昌城头的一声枪响，打响了武装反抗国民党反动派的第一枪。这石破天惊的第一枪是怎样打响的呢？

1927年，蒋介石集团和汪精卫集团先后发动四一二反革命政变和七一五反革命政变，大肆逮捕、屠杀共产党人。轰轰烈烈的大革命失败了，革命的力量遭受巨大损失。据不完全统计，从1927年3月到1928年上半年，被杀害的共产党人和革命群众就达到31万多人。

大江南北一时血雨腥风，陷入一片白色恐怖。

在这样严峻的形势下，还要不要坚持革命？怎么样坚持革命？

这就成为摆在中国共产党人面前的一个重大问题。

不屈的共产党人选择了武装反抗，周恩来、贺龙、叶挺、朱德、刘伯承等人在南昌举行起义。起义总指挥部设在江西大旅社。它的地理位置优越，四层楼的上面还有一个两层的亭阁，是当年南昌城内最高的建筑。站在楼顶，全城景象一览无余。

1927 年 8 月 1 日凌晨 2 点，南昌城内枪声大作，武装起义开始了。起义部队以“河山统一”为口令，脖系红领带，臂扎白毛巾，向敌人发起了猛攻。其中最激烈的战斗发生在敌人总指挥部所在地旧藩台衙门一带。

敌警卫团由于事先得到消息，便凭借有利地势，在制高点上集中火力阻击起义军。贺龙率第二十军奋勇当先，从正面冲上鼓楼，压制住敌人的火力，并从后院翻墙冲入敌人阵地，与敌人展开白刃战。

战斗持续了 3 个多小时，起义军最终攻下了敌总指挥部，接着又乘胜攻占了省政府。起义军准备充分，部署周密，且兵力上占优势。激战至拂晓，全歼守敌 3000 多人，占领南昌全城以及郊外所有重要的据点。起义取得了成功。

起义成功后，按照原计划，部队第三天就开始南下。打算占领广东，夺取出海口，以求得到国际援助。但是敌强我弱，最后起义队伍损失惨重。

1928 年 1 月，朱德率领南昌起义余部经过艰苦转战，到达群众基础较好的湘南地区，发动湘南起义。1928 年 4 月，朱德率领南昌起义和湘南起义余部到达井冈山革命根据地，同毛泽东领导的湘赣边界秋收起义部队胜利会合。

95 年前，南昌城头一声枪响，拉开了我们党武装反抗国民党反动派的大幕。这是中国共产党历史上、中国革命史上和中华民族发展史上的一个伟大事件。南昌城头的枪声，像划破夜空的一道闪电，使中国人民在黑暗中看到了革命的希望，在逆境中看到了奋起的力量。

南昌起义连同秋收起义、广州起义以及其他许多地区的武装起义，标志着中国共产党独立领导革命战争、创建人民军队的开端，开启了中国革命新纪元。

1933 年 7 月，中华苏维埃共和国临时中央政府根据中央革命军事委员会的建议，决定以 8 月 1 日作为中国工农红军成立的纪念日，从此“八一”就成了人民军队的建军节。后来在设计中国人民解放军军旗和军徽时，毛泽东特别指示要有“八一”两个字，这就是八一军旗和八一军徽。

今天，站在人民军队的诞生地，我们还能感受到那震撼人心的力量。人民军队一路走来，由小到大，由弱到强，坚持在斗争中求得生存、获得发展、赢得胜利。作为新时代的青年，我们需要继续发扬斗争精神、提高斗争本领，在奋进新征程中使八一军旗更鲜艳。

碧血丹心照汗青

这是繁华都市里一片英雄的土地，在1927年到1937年间，数以千计的革命志士曾被关押在这里，不少党的先驱就曾牺牲在这里。这就是素有“上海雨花台”之称的龙华烈士陵园。

1950年4月，解放不久的上海百废待兴，上海市人民政府整理烈士遗物时在上海郊外的龙华挖掘出了18具完整的遗骸和数具头骨、身骨及肢骨不全的遗骸，有些骨殖上还套着手铐和脚镣，其中还有一件尚未腐烂的毛线背心，经多方辨认，认定是“左联”五作家之一冯铿的遗物，从而确认所挖出的是林育南、何孟雄、李求实、柔石、胡也频、殷夫、冯铿等24位烈士的遗骸。

这件弹痕累累的毛线背心是左联五烈士之一的冯铿女士一针一线为丈夫许峨精心织成的，如今它静静地躺在陈列柜里，向人们无声地诉说着90多年前那段血雨腥风的历史。

1931年2月7日晚，上海龙华警备司令部突然通知在押的24位志士，要将他们押送到首都南京受审。军警们押着被绑着手、戴着脚镣的24位志士缓缓走出司令部，当队伍行进到一片荒郊野地经过一座小桥时，军警突然宣布他们的死刑。

这时，李求实带头领唱《国际歌》，24 位志士一起高唱《国际歌》，健步走向刑场。反动派的枪口射出罪恶的子弹，英雄的鲜血立即染红上海龙华这片贫瘠的土地。

就在这个风雨交加的夜晚，林育南、何孟雄等 24 位同志被国民党秘密杀害了，林育南与何孟雄牺牲时都是 33 岁。李求实、柔石、胡也频、殷夫、冯铿是和鲁迅先生交往甚密的“左翼作家联盟”的 5 位作家，他们牺牲时平均年龄不到 28 岁。

“……忍看朋辈成新鬼，怒向刀丛觅小诗。

吟罢低眉无写处，月光如水照缁衣。”

这首鲁迅先生所写的《为了忘却的记念》，想必很多人都熟知，诗中所纪念的正是被害的 5 位左翼青年作家。

1934 年春，身处龙华狱中的革命志士张恺帆为纪念 24 位死难烈士，写下了一首著名的七绝诗：

龙华千古仰高风，壮士身亡志未穷。

墙外桃花墙里血，一般鲜艳一般红。

在 24 位烈士牺牲之前，已有一大批革命志士、党的优秀领导干部如孙炳文、陈延年、赵世炎、罗亦农、彭湃、杨殷等先后在这里牺牲。

昨天，烈士们的身躯倒在了这片土地上，他们的血肉化成了沃土。今天，烈士们的英名深刻地进入到了我们的心中。他们的精神铸就了山河，光照千秋，永垂青史。

纵观百年党史，青年引领时代，时代成就青年。

无论是“军委四烈士”，还是“左联五烈士”，龙华英烈们永远是那个时代最优秀的人，他们在最好的年华，以命救国，毫不畏惧！

时间之河奔流不息，每个时代的青年都有自己的际遇和机缘，我们只有在自己所处的时代坐标上谋划人生、创造历史，才能成为新时代的见证者、开创者和创造者。

“自己动手，丰衣足食”

“花篮的花儿香，听我来唱一唱，唱一呀唱，来到了南泥湾，南泥湾好地方，好地呀方……”

当我们重温这首旋律欢快的老歌《南泥湾》时，仿佛穿越到了80多年前的那个自力更生、拿起锄头、喊着号子、垦荒种地的难忘岁月。

在抗日战争相持阶段的后期，由于长期战争的消耗，日军的大规模“扫荡”，国民党顽固派的军事包围和经济封锁，加之连年的自然灾害和非生产人员的大量增加，陕甘宁边区出现了空前严重的物质困难。

在这种形势下，1939年2月，中共中央在延安召开生产动员大会，毛泽东在会上尖锐地指出：“饿死呢？解散呢？还是自己动手呢？饿死是没有一个人赞成的，解散也是没有一个人赞成的，还是自己动手吧——这就是我们的回答。”为此毛泽东亲笔题词：“自己动手，丰衣足食。”他率先垂范，在杨家岭的办公楼下亲手开辟了一片荒地，种上辣椒、西红柿等蔬菜；朱德背着箩筐到处拾粪积肥；周恩来迅速成了纺线能手。一场轰轰烈烈的大生产运动在陕甘宁边区迅速开展起来。

位于延安城东南方向约45公里处的南泥湾，是延安的南大门。由于连年战乱，土匪肆虐，人们纷纷逃离，成了人烟稀少、荆棘遍野的荒僻之所。

1941年春，迎着寒冷的北风，在“一把锄头一支枪，生产自给保卫党中央”的口号声中，三五九旅旅长王震率战士们肩挎钢枪，手握镢头，硬是在一片林海荆棘中开出了一条通向南泥湾的路，进驻南泥湾。

三五九旅初到南泥湾时，没有住处，就以天为盖地为庐；没有食物，就野菜充饥、野果果腹。“睡觉睡不好，蚊子到处咬，伸手抓一把，不知有多少。”但是严苛的条件，并不能阻止战士们开荒生产的热潮。

三五九旅制订了边生产边训练的计划，农忙时生产，农闲时练兵。旅长王震提出“不让一个人站在生产战线之外”的口号，上自旅长，下至勤务员、炊事员，一律参加生产劳动。

三五九旅一名叫李位的模范班长，在一次开荒竞赛中，创造了日开荒3.67亩的最高纪录。之后，随着生产工具的改良和生产技术的提高，又涌现出了一位名叫郝树才的战士，创造了一天开荒4.23亩的成绩，毛泽东亲切地称之为“气死牛”。

在王震旅长的率领下，经过1年多的艰苦奋斗，昔日荒草丛生、沼泽遍地的“烂泥湾”变成了到处是庄稼、遍地是牛羊的陕北“好江南”。粮食大丰收，瓜菜堆如山，加上一排排整齐的窑洞，南泥湾呈现出一派繁荣景象。

据统计，1941 年，三五九旅的战士们开荒 1.12 万亩，产粮 14.4 万斤，蔬菜实现完全自给。到 1943 年，开荒达到 10 万多亩，产粮 144 万斤，实现了“不要政府一粒米，一寸布，一文钱”的奋斗目标，做到了粮食和经费全部自给。1944 年底，南泥湾种植面积达 26 万多亩，收获粮食 444 万斤，并于当年向陕甘宁边区政府缴纳公粮 120 万斤。

回想起当年轰轰烈烈的大生产运动，似乎还能听到那吭哧作响的劳动号子，能看到党政军民齐心垦荒的身影。80 多年前那段发生在黄土高原的故事，承载的是自力更生、艰苦奋斗的南泥湾精神。80 多年后的今天，这种精神依旧是我们战胜困难，夺取胜利的力量源泉。

文艺要为人民大众服务

1938年，在延安成立的鲁迅艺术学院，是抗日根据地的最高艺术学府。鲁迅艺术学院师生们以抗日的现实主义、革命的浪漫主义为宗旨，为根据地培养了大批政治可靠、艺术过硬的文艺骨干，创作了一大批在抗日战争时期极富影响力的作品，丰富了根据地军民的精神生活，振奋了全国人民的抗战热情。

思想是行动的先导。我们党一向重视以思想和政治建设来统领党建、推动工作，延安整风运动就是极好的例子。而延安文艺座谈会是文艺界的整风运动，由毛泽东亲自担纲，为文艺界创作风气把关定向。

1942年，毛泽东在延安文艺座谈会上说："我们有两支军队，一支是朱司令（朱德）的，一支是鲁司令（鲁迅）的。"枪杆子和笔杆子都是整个革命机器中的"齿轮和螺丝钉"，是团结人民、教育人民、打击敌人、消灭敌人的有力武器。

要想做好文艺工作，首先要回答“为什么人服务”的问题，在半殖民地半封建社会的中国，文艺工作当然是要为占全国人口90%以上的人民群众服务。其次要解决“怎么服务”的问题，不能有超阶级的抽象的艺术，文艺须服从政治。无产阶级文艺工作者直面人民最关切的抗日事业和阶级斗争。

在艰苦卓绝的抗战岁月里，鲁艺师生将“教室”搬到了田间地头，走进田间地头的工农兵群众的生活，熟悉他们、学习他们、服务他们，诠释了群众作品源于群众，人民文艺为了人民。他们所创作的一大批优秀文学艺术作品，转化为中华民族保家卫国的精神武器。

比如《白毛女》《黄河大合唱》《延安颂》等优秀作品，充分体现了当时中华儿女顽强不屈的伟大精神以及追求解放的远大理想。其中，《白毛女》讴歌了农民的反抗精神，在群众中引起热烈反响，具有超越时空的艺术魅力，不仅成为我国家喻户晓的艺术形象，后来还作为一张中国文化名片获得了1951年斯大林文学奖，成为我国民族新歌剧的奠基之作。

置身于伟大艰辛的抗日救亡运动，中国共产党始终从中国革命事业的全局来统筹文艺宣传工作，直面党外境外的造谣抹黑以及党内不端正的学风文风。

鲁迅艺术学院的创办和发展以及延安文艺座谈会的胜利召开，正是党领导文艺运动的成功典范，也是党夺取舆论宣传主阵地、弘扬爱国主义精神的一种表现。

2014 年 10 月 15 日，习近平总书记在文艺工作座谈会上的讲话中指出：“文艺是时代前进的号角，最能代表一个时代的风貌，最能引领一个时代的风气。”

引领时代风气，文艺不能迷失价值方向；塑造民族之魂，文艺不能远离人民生活。

无论是在风云激荡的抗战岁月，波澜壮阔的改革时期，还是朝气蓬勃的新时代，中国文艺工作者都坚持与时代同步伐，不忘初心，牢记使命，深入生活，扎根人民，努力创作出无愧于时代、无愧于人民、无愧于民族的优秀作品！

誓死不当亡国奴

这是一支同侵略者进行了长达14年艰苦斗争的部队，牵制76万日军，消灭日本关东军18万余，有力地支援了全国的抗日战争和世界反法西斯战争，这支誓死不当亡国奴的部队，就是在中国共产党的领导下，由抗日游击队、农民暴动武装等组成的东北抗日联军。

说到东北抗日联军，你会不会第一时间就想到东北抗日联军第一路军总司令杨靖宇将军？1932年，杨靖宇受党中央委托，到东北组织抗日联军，在白山黑水之间与日本侵略者进行顽强抗争。

1940年2月23日，时任东北抗日联军第一路军总司令兼政委的杨靖宇，在冰天雪地、弹尽粮绝的情况下，孤身与日本侵略者奋战五昼夜，最后在密林中壮烈殉国，年仅35岁。

敌人为了搞清楚，在冰天雪地里没任何外援情况下，杨靖宇孤身一人生存下来的原因，残忍地剖开他的腹部，发现他的胃里除了尚未消化的草根、树皮、棉絮外，竟没有一粒粮食。

在东北抗日联军中，还有一位令日军感叹不已的创建人和领导人，他就是赵尚志将军。

面对日伪军的疯狂“讨伐”“清剿”，赵尚志率领抗联部队与日伪军进行了英勇无比的艰苦战斗，远征松嫩平原，作战百余次，打破了日伪军一次次的重兵“讨伐”和“清剿”。日军多次围剿遭受失败后，无奈地感叹道“小小的满洲国，大大的赵尚志”。

1942 年 2 月 12 日，赵尚志受暗藏在身边的日伪特务的诱骗，在去袭击日伪警察所的路上，受重伤被俘。他宁死不屈，壮烈牺牲，年仅 34 岁。后来，为了纪念赵尚志，珠河县更名为尚志县。

在东北抗联部队中，有着一批英勇不屈的女战士，其中的代表，就是赵一曼。赵一曼于 1926 年加入中国共产党。九一八事变后被派往东北，先后担任哈尔滨总工会代理书记、铁北区委书记、珠河县委书记等职。1935 年 11 月，在与日军作战掩护部队转移时，赵一曼腿部负伤昏迷被俘。

日军为了从她口中获取情报，动用各种酷刑。尽管她几次痛得昏了过去，但醒来仍坚贞不屈地说：“我的目的，我的主义，我的信念，就是反满抗日。”日军见硬的不行，就来软的，他们把赵一曼送到哈尔滨进行治疗，暗中密切监视她。

1936 年 6 月 28 日，赵一曼从日军医院逃脱，在奔往抗日游击区途中，再次落入敌手。日本军警对她用尽老虎凳、灌辣椒水、电刑等各种酷刑，始终没有获得任何情报，决定将她送回珠河县处死“示众”。1936 年 8 月 2 日，她被绑在车上“游街示众”，一路高呼“打倒日本帝国主义”“中国共产党万岁”。

牺牲前，赵一曼给儿子写下了最后一封信：“母亲对于你没有能尽到教育的责任，实在是遗憾的事情。母亲因为坚决地做了反满抗日的斗争，今天已经到了牺牲的前夕了……我最亲爱的孩子啊！母亲不用千言万语来教育你，就用实行来教育你。在你长大成人之后，希望不要忘记你的母亲是为国而牺牲的！”

赵一曼牺牲时，年仅 31 岁。

誓死不当亡国奴！以杨靖宇将军为代表的东北抗日联军将士们，意志坚定、英勇顽强、坚贞不屈、正气凛然，充分表现了他们坚定的共产主义信念、高尚的爱国主义情操、顽强的艰苦奋斗精神和压倒一切敌人的英雄气概，谱写了中国人民抗日战争最壮烈、最英勇的史诗，形成了东北抗联精神，铸就了中华民族精神谱系的恢宏篇章。

作为新时代的青年，我们要继承和发扬东北抗联精神，面对艰难不低头、不放弃，遭遇挫折不灰心、不气馁，艰难与挫折都是我们干事创业的精神动力。

伟大的战略决战

1947 年 3 月 18 日到 1948 年 3 月 23 日，毛泽东、周恩来、任弼时率领中共中央机关，在面积不到 10 万平方公里的陕北，居住过 12 个县境内的 38 个村庄，371 天时间行军超过 2000 里，在陕北一个个土窑洞里指挥着全国的人民解放战争。

1948 年 5 月底，毛泽东率中共中央机关进驻河北平山县西柏坡村。

西柏坡，华北太行山一个名不见经传的小山村，却成了解放全中国的最后一个农村指挥所。中共中央和中央军委在这里驻扎了 9 个多月，指挥了决定当代中国命运的辽沈、淮海、平津三大战役。

后来周恩来回忆时说：“毛主席是在世界上最小的司令部里，指挥了最大的人民解放战争。”

1946 年 6 月，国民党反动派悍然发动了内战。但仅仅 2 年多的时间，战局的发展愈发对反动派不利。毛泽东和中央军委科学分析了战争形势，认为虽然敌人数量暂时还占优势，进行决战尽管存在一定困难和风险，但机不可失，毅然决定趁敌人犹豫不决、尚未决定从东北逃跑之时，同国民党军队进行战略决战。

1948 年 9 月 12 日，林彪、罗荣桓率东北解放军，打响了辽沈战役。1948 年 11 月 6 日，刘伯承、邓小平、粟裕、陈毅、谭震林等率领华东野战军和中原野战军以及部分地方武装，在以徐州为中心的广阔区域内，拉开淮海战役序幕。1949 年 1 月 31 日，驻守北平的傅作义迫于压力，出城接受改编，北平和平解放。历时仅仅 142 天的三大战役，共歼灭国民党军队 154 万余人。

家住浙江慈溪市的夏兆根老人，1929 年出生在丽水市缙云县的一个贫困山区，今年 93 岁，曾参加过辽沈战役、淮海战役、平津战役，后来又参加了抗美援朝。在攻打锦州当中，一颗炮弹在夏兆根身边爆炸，炸塌了旁边的一堵墙，他被埋在了一片废墟里，战友们费了好大劲才把他挖出来。他经常说，“今天的幸福生活来之不易，都是流血牺牲换来的，我的爱国之心从未改变”。

三大战役是相互联系，相互支援的。锦州战役是辽沈战役的第一阶段，也是其中的关键一战，是三大战役中无数战斗的缩影。率先发起的辽沈战役，改变了长期以来敌众我寡的格局，人民解放军赢得了战略优势。平津战役的胜利，使华北与东北连成一片，加快了解放战争的进程，为全国的解放奠定了基础。

在东北战场，国民党的主力被消灭。在平津，国民党的傅作义部队又被牵制住。在这一有利时机下，60 万人民解放军与 80 万国民党的精锐军队在淮海的广大地域内，进行了为期 66 天的决战，成为现代战争史上以少胜多的辉煌战例。毛主席当着粟裕的面高度评价了淮海战役。他说：一锅夹生饭，还没有完全煮熟，硬是被你们一口一口地吃下去了。

斯大林知道这个消息后，在记事本上写上“奇迹、真是奇迹”。

三大战役的胜利，加速了中国的革命进程，使解放战争由计划中的5年缩短为3年，也促成了1949年10月迎来新中国的建立。大决战的胜利，是人民战争的伟大胜利。体现了毛泽东和中央军委运筹帷幄高超的军事指挥艺术，广大解放军指战员英勇机智的斗争精神，以及解放区人民的无私支援。

在运输条件极差的当时，部队军需给养几乎全靠老百姓运送。据统计，在三大战役中，动员民工累计达880余万人次，人民群众出动支前的大小车辆141万辆，担架36万余副。时任华东野战军司令员兼政治委员陈毅曾说：“淮海战役的胜利，是人民群众用小车推出来的。”

在淮海战役纪念馆中，一幅幅农民推着板车、独轮车，肩挑背扛军需物资的画卷，就在无声地诉说着当年战场上人民支持解放军的感人故事。军民团结是胜利之本。在新时代的各种伟大斗争当中，仍然需要发挥军民团结一家亲的传统优势，军爱民，民拥军，一如既往奏响军民融合的凯歌。

国旗的故事

国旗，是一个国家的标志，代表着一个国家的主权和尊严。在中华人民共和国开国大典上升起的第一面五星红旗，它长4.6米，宽3.38米，现保存在中国国家博物馆。

1949年7月15日，《人民日报》刊登了一则由新政协筹备会向全国征集国旗图案的征稿启事。

当时，32岁的上海普通职员曾联松，在报纸上看到新中国国旗图案征集启事后，难掩心中激动之情。反复推敲，最终设计出一幅五星图稿寄到北京。

经过初评复选，38幅国旗图案闯过一关又一关。其中，上海曾联松设计的五星红旗图案从众多应征国旗图案中脱颖而出。他当时草拟的说明是大五角星表示中国共产党，周围4个小五角星表示工、农，小资产阶级和民族资产阶级。尽管大家比较倾向这个五星红旗的图案，但又觉得4个阶级的提法不妥。有人说，资产阶级怎么能进入社会主义呢？

1949年9月26日晚，毛泽东在勤政殿宴请各方面人士。宴会后，毛泽东拿着放大了的五星红旗图案说："中国革命胜利就是在共产党领导下以工、农为基础，团结了小资产阶级、民族资产阶级共同斗争取得的，这是中国革命的历史事实，今后还要共同努力进行社会主义革命。我看这个图案反映了中国革命实际，反映了在中国共产党领导下，中国人民大团结共同进行革命斗争的方向。正如同志们所说的，是比较好的图案。"

这时有一位民主人士站起来表示完全同意主席意见，但对说明中大星、小星的提法提出修改意见。

毛泽东说："那就不提大星小星，只提五星的互相关系，我看就提在共产党领导下，我国人民的大团结。国旗是不是就选这个图案？"

大家热烈鼓掌表示赞同。

1949年9月29日，离开国大典仅剩下3天。北京国营永茂实业公司干部宋树信接到了一项紧急任务：用红绸做旗面，用黄缎缀上5颗五角星，制作一面长4.6米、宽3.38米的巨大国旗。

第二天，跑遍大小布店的宋树信，来到大栅栏的瑞蚨祥。宋树信立刻全店动员盘点库存，在一个地下库房里，找出了几块红绸和半匹黄缎。随后，宋树信找来技艺最精湛的师傅缝制国旗，做到一半大家发现，黄缎子的尺寸无论怎样都无法完整地剪出那颗最大的五角星，唯一的办法是拼接。最终工人师傅们小心翼翼地在那颗大五角星上接了一个尖角，直到10月1日凌晨，这面国旗才最终完工。

当天下午3时，30万军民在天安门前隆重举行开国大典。伴随着代国歌《义勇军进行曲》激昂奋进的旋律，毛泽东亲手按下电钮，五星红旗第一次在天安门广场上高高飘扬。从此，一个历经磨难的民族昂首站立起来，迎风飘扬的五星红旗，始终见证着中国人民一往无前，接续奋斗。

五星红旗陪伴着一代代人成长，成为一代代中国人自信、自强、自豪的源泉。这一抹鲜艳的中国红，早已融入我们的血脉，成为中华民族的生命色彩！

1960年，首批攀登珠峰的队员用“搭人梯”的方式，让五星红旗在世界之巅迎风飘扬；1997年7月1日0时0分0秒，五星红旗在香港上空准时升起；2020年12月3日，嫦娥五号探测器在月球表面展开了国旗，这是五星红旗第一次在月表进行动态展示，给这颗寄托了古往今来人们无数情思的明月，添上了一抹令人骄傲的中国红。

“五星红旗，你是我的骄傲。五星红旗，我为你自豪。为你欢呼，我为你祝福。你的名字，比我生命更重要……”《五星红旗》这首歌大气磅礴，令人激情澎湃，是当下青年致敬五星红旗、致敬伟大祖国时最喜欢唱的一首青春之歌。面对星辰大海的新征程，我们将高举着五星红旗、坚定着理想信念，一步一步，走向更加光明的未来，走向中华民族的伟大复兴！

跨过鸭绿江

这是新中国的开国第一战。这一战，就是抗美援朝战争。

1950 年，国内解放战争进入全面收尾阶段。正当全国上下争取国民经济快速复苏之际，6 月 25 日朝鲜内战爆发，美国杜鲁门政府悍然派兵进行武装干涉。

以美国为首的 16 个国家，组成了所谓的“联合国军”，全面投入战争。美国第七舰队侵入台湾海峡，“联合国军”不顾中国多次警告越过三八线，并出动飞机轰炸我国东北边境城市和乡村。一时间，战火烧到了鸭绿江边。

在关系民族命运的关键时刻，应朝鲜劳动党和政府的请求，为维护正义、保卫中国领土安全、捍卫和平，中共中央经反复权衡之后，在中国还处于极其困难的情况下，作出了抗美援朝、保家卫国的战略决策。

1950 年 10 月 19 日，中国人民志愿军跨过鸭绿江，赴朝作战。

在抗美援朝纪念馆里，我们可以清楚地看到这样一组数据：1950 年，美国钢产量 8772 万吨，中国 60.60 万吨；美国工农业总产值 2848 亿美元，中国只有 574 亿元人民币……

从这组数字对比可以看出，当时中美力量强弱悬殊。而中美两军的装备差距更大，抗美援朝战争就是在这样的情况下进行的。两水洞、云山城、清川江、长津湖、上甘岭……一场场惊心动魄的战斗，成千上万的志愿军战士把对党的忠诚、对祖国的热爱、对家乡和亲人的深深眷念，刻写在了异国他乡的土地上。

为什么战旗美如画？在纪念馆的展柜里摆放着一面褪色的军旗，这可不是一般的军旗。1952 年 11 月，志愿军战士将这面军旗插上了上甘岭主峰。在志愿军与强敌浴血奋战的 43 个昼夜里，这面让敌人闻风丧胆的战旗上，留下了 381 个弹孔，却始终屹立不倒。

在纪念馆的展柜里，还保存着上甘岭战役中被炮弹炸得粉碎的岩石和弹片。在军史中，有一个名词叫范弗里特弹药量，指的是不计成本地投入庞大的弹药量，进行密集轰炸和炮击。在上甘岭战役中，美国第八集团军就是使用了这种弹药量，向这块不足 4 平方公里的高地，发射炮弹 190 多万发、炸弹 5000 余枚，山头被削低了 2 米，掀起了 1 米多厚的碎石。但是，最后敌人还是以可耻的失败而告终。

战争中美军想不通，中国军队什么时候变得这么英勇顽强，这么骁勇善战？他们永远不会明白，与他们作战的，是中国共产党领导下的一支真正有灵魂、有信仰的人民军队。正如志愿军特级战斗英雄杨根思说的那样："在革命战士面前，不相信有完不成的任务，不相信有克服不了的困难，不相信有战胜不了的敌人。"

1950 年 11 月 29 日，在第二次战役阻击美军南逃的小高岭战斗中，战斗到阵地最后一人的杨根思，抱起炸药包与敌人同归于尽、壮烈牺牲。

在这场伟大的抗美援朝战争中，19.7 万余名中华儿女为此献出了宝贵的生命。他们中不仅有普通人家的孩子，还有共和国主席的儿子。

1950 年 11 月 25 日，毛泽东主席的儿子毛岸英牺牲在朝鲜平安北道东仓郡。3 年后，毛主席握着一位来自四川农村的烈士母亲的手说："你牺牲了一个儿子，我也牺牲了一个。"那位母亲的儿子名叫黄继光。

1952 年 10 月 20 日，黄继光用自己的胸膛，堵住了敌人地堡的枪眼，英勇牺牲，成为中国人最为熟知的特级战斗英雄之一。

"现在中国人民已经组织起来了，是惹不得的。如果惹翻了，是不好办的。"伟大的抗美援朝战争正是因为有党中央的英明决策，有无数英勇无畏的战士，有全国人民的支持，中国人民志愿军才能将武装到牙齿的敌人，从鸭绿江边赶回到了"三八线"。

伟大的抗美援朝战争，不仅于 1953 年 7 月 27 日取得全面胜利，而且锻造了伟大的抗美援朝精神——祖国和人民利益高于一切、为了祖国和民族的尊严而奋不顾身的爱国主义精神，英勇顽强、舍生忘死的革命英雄主义精神，不畏艰难困苦、始终保持高昂士气的革命乐观主义精神，为了完成祖国和人民赋予的使命、慷慨奉献自己一切的革命忠诚精神，为了人类和平与正义事业奋斗的国际主义精神。这是中国人民极其宝贵的精神财富！

正如习近平总书记所说：“抗美援朝战争伟大胜利再次证明，没有任何一支政治力量能像中国共产党这样，为了民族复兴、人民幸福，不惜流血牺牲，不懈努力奋斗，团结凝聚亿万群众不断走向胜利。”

英华山静默无言，鸭绿江浩荡奔流。默默流淌的江水边，仿佛还能看到志愿军战士们的身影，仿佛还能听见雄壮的志愿军军歌继续响彻于天地之间。作为当代青年，记住这段刻骨铭心的历史，就是要永远跟党走，让抗美援朝精神千秋尚凛然！

耕者有其田

位于黑龙江省哈尔滨市尚志市元宝镇的元宝村，原本是松花江畔一个极其普通的小山村。1947 年至 1948 年，著名现代作家周立波创作了长篇小说《暴风骤雨》。小说记录了一个叫元茂屯的地方的土地改革进程。元宝村便是元茂屯的原型。

暴风骤雨纪念馆就位于元宝村，走进纪念馆，可以感受到 70 多年来，中国这场深刻的土地改革的历史变迁。

赵玉林是《暴风骤雨》上卷的中心人物，小说这样记述着他当时的生活，“他一年到头，顾上了吃，顾不上穿，一家三口都光着腚，冬天除了抱柴、挑水、做饭外，一家三口，都不下炕”，被人称为“赵光腚”。

1946 年 7 月下旬的一个清晨，东北解放区土改工作队成员周立波和他的战友们，搭乘着四轱辘的马车来到元宝村，见到的是一个“光腚屯”。

“穿着露肉的裤子，披着麻布片的男人和女人，从各个草屋里出来，跑到路边，惊奇地瞅着车上的向他们微笑的人们。一群光腚的孩子跟在车后跑，车子停下，他们也停下……”这是《暴风骤雨》中土改工作队初到元茂屯的场景。

于是，在党的领导下，一场暴风骤雨般的土地改革随之而来，沉睡的黑土地被唤醒，封建地主阶级及反动武装被消灭，穷苦农民分到了命根子般的土地，翻身当主人。

亲身经历了这一切的周立波，以《暴风骤雨》之名，记下了这场前所未有的大决战。从此，元宝村名扬史册，被称为“中国土改文化第一村”。

如暴风骤雨般席卷黑土地的这场土改大决战，在新中国成立后，声势浩大地扩展到整个中华大地。

1950年6月30日，中央人民政府公布实施《中华人民共和国土地改革法》。

它总结了党过去领导土地改革的经验和教训，又适应新中国成立后的新形势确定了新政策，提出保存富农经济，不动中农土地，限制没收地主财产范围等，以保护中农和分化地主阶级，减少土地改革阻力，促进生产的恢复和发展，成为指导新解放区土地改革的基本法律依据。

从当年冬季开始至1952年底，除部分少数民族地区外，全国大陆的土地改革基本完成。包括老解放区在内，全国约3亿无地少地的农民无偿获得约7亿亩土地，免除了过去每年向地主交纳的3000万吨以上粮食的地租。

土地改革的完成，标志着在我国延续了几千年的封建制度的基础——地主阶级的土地所有制，至此彻底消灭了，农民真正成了土地的主人。

这是一个伟大的历史性的胜利！它从根本上解放了农村生产力，激发了广大农民的政治热情和生产积极性，促进了农业的迅速恢复和发展，以及农村文化教育的发展，为新中国的工业化开辟了道路。

穿越70多年的风雨，代表着今天中国农村的元宝村，发生了翻天覆地的变化，再也看不到周立波笔下的元茂屯踪影——当年赶马车的老孙头走过的满是泥洼子的那条路，如今已是笔直平坦的外环路；低矮的瓦房不见了，简陋的草屋消失了，取而代之的是一排排黄墙红瓦的居民楼。

70多年来，元宝村发生了翻天覆地的变化。2020年，元宝村土地集中经营面积达到90%，高产稳产、节水高效、耕作先进、科技覆盖的高标准农田面积占60%。元宝村水稻专业合作社，种植纯种“稻花香2号”，建设精米加工企业，注册了“村镇香”商标，实现规模化、品牌化经营。同时还走上了工业强村的发展之路，元宝村年加工生产的铅笔和铅笔板，分别占全国生产总量的20%和60%。

一滴水中见太阳，小村庄里有乾坤。元宝村翻天覆地的变化，正是新中国千千万万个村庄发展变化的生动写照，乡村振兴的宏伟蓝图在岁月里熠熠生辉！

我们身为新时代的青年，在大有可为的农村天地里，当以怎样的昂扬姿态，去见证、去参与一个又一个中国奇迹的诞生？这真是一个伟大的时代命题，值得我们每个人为之澎湃、为之践行。

新中国反腐败第一大案

位于天津市杨柳青镇的石家大院，新中国成立初期天津前后两任地委书记刘青山和张子善曾在此办公，是有名的“津门第一宅”。1951 年底，在推进增加生产、厉行节约的过程中，各地陆续暴露出一些机关内部贪污、浪费和官僚主义的问题。时任石家庄市委副书记的刘青山和天津地委书记的张子善被人检举揭发，引爆了“新中国反腐败第一大案”。现在，这里成了“新中国反腐败第一大案展览”地。

70 多年来，新中国反腐败第一大案一直备受关注，已被写成小说、拍成电影、编成话剧等形式，还原了他们的贪腐行为，展现了中国共产党对腐败的零容忍。新中国反腐败第一大案展览地也成为首批全国廉政教育基地之一。

刘青山、张子善十几岁就参加了革命，在抗日战争和解放战争中，曾出生入死，作出了一名共产党员应有的贡献。张子善在被捕入狱后，面对严刑拷打，依然没有变节。但是，新中国成立后，他们进了城，当了官，反而被胜利冲昏了头脑，没有经受住执政的考验，居功自傲、蜕化变质、贪污腐败，成了人民的罪人。

刘青山任天津地委书记一年不到，就利用手中的职权从九家工厂和一个招待所中谋取私利。张子善担任天津行署专员后，与刘青山狼狈为奸，贪污、盗用飞机场建筑款、治河款，盘剥克扣救灾粮、民工供应粮、干部家属救济粮、民工工资，勾结奸商倒买倒卖钢材和木材，骗取银行贷款等，违法金额达到171.6亿多元（旧币），使国家财产蒙受重大损失。

当有人提醒时，刘青山还大言不惭地说："天下是老子打下来的，享受一点还不应当吗？""革命胜利啦，老子该享受享受啦！"

刘青山和张子善两个人禁受了革命战争的考验，但是在"不拿枪的敌人"和"糖衣炮弹"面前，他们两个人没有经受住考验，渐渐蜕化变质，演变成了贪污腐败的"大老虎"，从人民公仆变为了人民公敌。

1951年年底，中央开展了反贪污、反浪费、反官僚主义的"三反"运动，华北局向中央报告了刘青山、张子善两人的犯罪情况，引起了党中央和毛泽东的高度重视。

在当时，有人替他们说情：这两人有过功劳，可以给一个改造的机会。毛泽东既痛心疾首，又斩钉截铁地说："正因为他们两人的地位高，功劳大，影响大，所以才要下决心处决他们。只有处决他们，才可能挽救二十个，二百个，两千个，两万个犯有各种不同程度错误的干部。"

1952年2月10日，河北省人民法院组织了公审大会，随后，经最高人民法院核准，对刘青山、张子善判处死刑，立即执行。这被称为"新中国反腐第一枪"。

前事不忘，后事之师。反腐倡廉的枪声结束了刘青山、张子善的生命，同时也为后人留下深刻的警醒。今天的中国经济迅速发展，糖衣炮弹的诱惑更多更大，腐败依旧是我们党面临的最大威胁之一。作为一名新时代青年，我们要在改造客观世界的同时，认真改造自己的主观世界。在练就本领的同时，把思想放在为人民服务上，始终保持清醒的头脑，廉洁自律，拒腐防变，真正做到“立志言为本，修身行为先”。

八千湘女上天山

1951 年冬，3862 名湘妹子登上了西行的列车，上演了一幕声势浩大的“湘女出塞”。1952 年，又有 4000 多名湘女进疆。她们有一个共同的名字“八千湘女”，被誉为“新疆荒原上的第一代母亲”。

长沙岳麓山下，湘江之滨，矗立着一块名叫“湘女石”的花岗岩巨石。它重达 120 吨，寄托着新疆人民对八千湘女上天山的深厚情谊，是 2006 年从 4000 多公里之外的天山峡谷运到湖南的。触摸这块巨石，仿佛还能感受到当年那群血气方刚的湘妹子守卫边疆、建设边疆的壮志豪情。

1949 年 9 月，新疆和平解放。为了边疆的长治久安，驻疆的十几万官兵就地驻守，屯垦戍边。时任新疆军区代司令员王震委派熊晃为团长，到湖南招收女兵。他直截了当地说：“你到湖南去，招一批女兵来。我们湖南妹子打得赤脚吃得苦。”

当年的湘女们从长沙乘火车到西安，短期培训后，再改乘部队的大卡车，走走停停，20 多天才到达新疆。

要想在荒漠戈壁上种出粮食，引水和改土是关键。为了修建水渠，在没有现代化机械的年代，湘女们睡地窝，手刨土，肩挑石，蚂蚁啃骨头似的一点一点往前啃。

1951 年 5 月 15 日，大渠首期工程竣工。甘甜的清水汩汩流出，千年的荒漠呈现出新的生机。1954 年到 1966 年期间，新疆的耕地面积由 113 万亩增加到 1212 万亩，工农业总产值增长了 11 倍。十月拖拉机厂、八一钢铁厂、七一棉纺厂以及发电厂、水泥厂等一批大型工厂拔地而起。

“谁言大漠不荒凉，地窝房，没门窗；一日三餐，玉米间高粱……最难夜夜梦家乡……既是此身许塞外，宜红柳，似白杨！”这首《江城子》，道尽了湘女们在边疆生活的艰辛苦楚，也写出了她们似红柳白杨般不屈不挠、扎根边疆的精神！

从十几岁的青春少女到白发苍苍的退休老人，湘女们用毕生的心血浇灌了荒原，演绎出了别样的人生。她们成为边疆第一代教师、医生、农技师、拖拉机手，涌现出第一位上了共和国邮票的女拖拉机手张迪源，第一代女康拜因手梁淑媛姐妹，第一个维吾尔族女翻译家戴庆媛等。不少湘女与官兵组建家庭，生儿育女，成为兵团的第一代母亲。胡爱群老人就是其中之一。

1952 年，15 岁的长沙妹子胡爱群瞒着父母报了名，没想到当场就被录取。说起当年的情景，已经 84 岁的胡爱群老人记忆犹新。“我们一大群人在火车上说说笑笑，很快就到了西安。当年从西安到新疆没有铁路，我们只能乘部队的大卡车进疆。32 个人坐一辆大卡车，吃住都在车上。每天吃的都是我们从没见过的黑面馍馍，很难吃，我做梦都想吃一碗家乡的白米饭。”

从 1952 年进疆到 1987 年退休，胡爱群在新疆整整干了 35 年，先后担任过邮政局的报务员、镇政府的民政助理员、运输站的调度员、驻地的卫生员等，在平凡的岗位上做出了不平凡的贡献。她说：“我们是毛主席家乡人，是勇敢的战士，我们服从组织安排，没有给湖南人民丢过脸。我们为保卫边疆、建设边疆，奉献了自己的一生，我们的命运与共和国的命运紧紧地连在一起。为此，我无怨无悔！”

当荒原中的一座座新城拔地而起，湘女们的腰身已不再挺拔；当沙漠戈壁变成一片片绿洲，湘女们的满头青丝早已变成白发。不少湘女已埋骨天山脚下，变成一棵棵屹立不倒的胡杨。

站在巨大的“湘女石”旁，仍能感受到当年湘女们义无反顾、“到祖国最需要的地方去”的慷慨激情。无论时代如何发展变化，在漫长的人生道路上，舍小家为大家、舍小我顾大局，把实现人生理想与时代命运结合在一起，应该成为我们当代青年的使命担当。

鞍钢有多“刚”

不管是世界最高的高原铁路、世界最长的跨海大桥、世界最远的南水北调，还是超长距离的西气东输、西电东送，这些世界级的工程，都与鞍钢有关。

作为共和国钢铁工业的“长子”，鞍钢以民族精神与家国情怀铿锵地回答了，鞍钢，到底有多“刚”！

毛泽东在《论联合政府》中提出，“没有工业，便没有巩固的国防，便没有人民的福利，便没有国家的富强”。

1960年，中共中央批转鞍山市委《关于工业战线上的技术革新和技术革命运动开展情况的报告》，毛泽东代中央起草批示，将鞍钢实行的“两参一改三结合”的管理制度称为“鞍钢宪法”，要求在工业战线加以推广。宪法，一个有关国家的政治概念，被鞍钢赋予了产业的普适准则。

宪法是一个国家制度和国家治理体系的基石，其重要性不言而喻。“鞍钢宪法”虽然不是按法定程序由全国人民代表大会通过的法律，但是把这个从群众中来，到群众中去的公有制企业管理基本原则命名为“鞍钢宪法”，鞍钢到底有多“刚”，可见一斑。

“鞍钢宪法”精神，是鞍钢宝贵的精神财富。这部以群众路线为基础、“两参一改三结合”的企业“军规”，推行的是干部参加劳动，工人参加管理，改革不合理的规章制度，干部、工人、技术人员三结合。这套崭新的社会主义企业管理模式，充分调动了从上到下各层面的积极性，使得大企业也可以拥有如臂使指的执行力。在思想的不断突破中、在管理的持续创新中，鞍钢成了多基地、跨区域的大型联合企业集团，更被誉为“新中国钢铁工业的摇篮”。

从新中国第一炉钢水，到“鞍钢宪法”的诞生。

从支援国家“三线建设”，到跻身世界五百强、钢铁产能近4000万吨的“钢铁航母”。

与共和国一起成长的鞍钢是一座钢铁长城，更是一座精神富矿。

在鞍钢博物馆里的“王崇伦家里的革新会”，生动再现了当年各路技术能手、发明大王在一起研究技术、攻关课题的瞬间。1949年8月进入鞍钢轧辊厂的王崇伦，用1年完成了4年的工作量，被誉为“走在时间前面的人”。他大胆地构想用刨床代替插床，设计了一个圆筒形的工具胎，把插床垂直切削转变成刨床的水平切削。这一独特工具胎被命名为“万能工具胎”。加工卡动器的纪录连连取得新突破，由45分钟缩短到19分钟，大大提高了工作效率。

无论是“老英雄”孟泰，还是被毛主席赞誉为“青年的榜样”的王崇伦，或是新时期感动中国的“当代雷锋”郭明义等，鞍钢经验告诉我们：“榜样产生力量，精神创造财富。”

鞍钢成立 70 多年来，涌现出的全国劳动模范、全国五一劳动奖章获得者等各级劳模、道德模范、精神文明建设标兵多达 9800 多人次。在实现中华民族伟大复兴的道路上，鞍钢人通过一代又一代的双手，传递着薪火的能量。也正是因为鞍钢人浓厚的主人翁责任感，未来必将有更多的先进模范从鞍钢涌现出来，他们焕发劳动热情、释放创造潜能，以艰苦奋斗、创新进取的精神，不断淬炼鞍钢的“刚”。

人无精神不立，国无精神不兴。伟大的精神只有植根于伟大的实践中才能历久弥新、保持活力。作为新时代的青年，我们不论是在学习还是工作中，都要面向实际、深入实践，只有实践才能出真知！更要有一技之长，要“求真学问，练真本领”。这样才能担当民族复兴大任！鞍钢不老，精神永“刚”！

让“北大荒”变成“北大仓”

这是一座始建于1955年的农场，它有着一个永远年轻的名字——共青农场。在中国的最北端，三代垦荒人，前赴后继，战天斗地，用青春、热血和生命，使人迹罕至的“莽莽荒原”变成富饶丰盈的“中国粮仓”。

共青农场所在地北大荒，如今已是我国重要商品粮基地、粮食战略后备基地，粮食产量、商品量、调出量均居全国第一。

“穿过那无边的原野，越过那重重的山岗，高举起垦荒的旗帜，奔向那遥远的边疆。勇敢地向困难进军！战胜那风雹冰霜！在那荒凉的土地上，将要起伏着金色的麦浪，让那丰收的粮食，早日流进祖国的谷仓……”

歌声将历史拉回到了1955年，60名北京青年组成的志愿垦荒队，高唱着《青年垦荒队队歌》，将第一面青春的旗帜插在了黑龙江北大荒。沉寂的白山黑水，鼓动起了青春的喧嚣。“到边疆去，到祖国最需要的地方去！”在时代的感召下，来自北京、天津、山东、河北、哈尔滨等5省市的2600多名青年，在黑龙江萝北荒原上，开始了艰苦卓绝的垦荒历程，拉开了中国青年志愿垦荒运动的恢宏序幕，先后创建了8个青年集体农庄。

岁月更迭中，14万转业复员官兵、10万大专院校毕业生、20万内地支边青年、54万城市知识青年纷纷来到北大荒。他们用忠诚与坚韧，青春与热血，亲情和爱情，书写了一曲又一曲的青春之歌。

第一代青年开垦了北大荒，第二代青年建设了北大荒。如今，“垦荒三代”已经成长起来。他们接过父辈的火炬，继续抒写这部中国青年的精神史诗。

郭璇，黑龙江省宝泉岭农垦顺禾农作物种植农民专业合作社的副理事长，是“垦荒三代”中的一员。2021年是郭璇大学毕业后回到农场的第7个年头，她所在的专业合作社，年加工大米就能达到1万吨，是“北共青”品牌大米类独家授权单位。她个人也扛起了“全国农村青年致富带头人”的责任。

郭璇说，她所在的合作社将把创业项目放在改变种植结构、新品种种植以及电子商务等领域，努力让社员们的生活和农场的发展建设再上一层楼。

经过60多年的开发建设，共青农场已经成为一座现代化的农垦新城。伫立在麦浪翻滚的共青农场，49万亩耕地仿佛一片无垠的海洋。今天的共青农场已是国家级生态示范区，是欧盟IMO、日本JAS、美国NOP有机认证基地，是全国首批“良好农业规范认证”示范基地，还是国家 3A 级风景区。

感谢时代，感谢青春。波澜壮阔的北大荒垦荒运动，镌刻在了共和国的时间轴上。不仅创造了大量的物质财富，也创造了宝贵的无可估量的精神财富。而这，将是华夏青年永志追赶的大海与星空。

“纸船明烛照天烧”

这是新中国成立后进行的一场没有硝烟的战争。当时，全国总人口数为6亿多，而受它威胁的人口数超过1亿。这场堪称“送瘟神”的人民战争，就是消灭血吸虫病！

血吸虫病是一种传染极广、危害极大的寄生虫病，在我国流行的历史长达2000多年。它俗称“大肚子病”或“水膨胀”，患者通常骨瘦如柴，腹大如鼓，丧失劳动能力。妇女不能生育，儿童得侏儒症。因此，人民群众把血吸虫病称作“瘟神”。

新中国成立初期，血吸虫病遍及我国南方12个省市，患病的人数达1000多万。在江西省余江县曾流传着这样的民谣：“身无三尺长，脸上干又黄。人在门槛里，肚子出了房。”“妇女遭病害，只见怀胎不生崽。难听婴儿哭，十有九户绝后代。”仅余江县的蓝田坂地区，在全国大规模防治血吸虫病前的近50年间，就有3000多人因患病死亡，20多个村庄完全毁灭，1.4万多亩田地变成荒野。

步入中国血防纪念馆，迎面而来的是一组动人心魄的群体雕塑。这一组雕塑向我们展示了当年疫区人民在党的领导下群策群力、科学防治、一定要消灭血吸虫病的英雄气概。

1956年2月，毛泽东主席发出了“一定要消灭血吸虫病”的战斗号召。随后，一场声势浩大的消灭血吸虫病的人民战争全面打响。

中央和疫区省、地、县、乡、村各级都成立了党委统一领导下的防治机构，建立了1400多个防治所、站、组，训练了1.3万多名防治干部、8.4万多名保健员和2.5万多名区乡干部，组成了一支庞大的防治队伍。在全党全国人民的艰苦努力下，血吸虫病防治工作很快取得重大进展。血吸虫病的发病率降低了，一些地方的血吸虫病患者逐渐恢复了健康，还有些地方开始逐渐地消灭吸虫病了。

1958年，江西省余江县，在全国率先消灭血吸虫病，夺得全国第一面“血防红旗”。该县蓝田坂有位叫刘金元的村民，在患血吸虫病后肚子大如鼓，痛苦不堪。家人已为他准备好了棺材，但是他被奇迹般地治好了，还当上了大队支部书记，1977年当选为中共十一大代表。

1958年6月30日，《人民日报》以《第一面红旗——记江西余江县根本消灭血吸虫病的经过》为题，报道了当地消灭血吸虫病的消息。

毛泽东看到这一消息，激动不已。他凭窗遥望南天，以诗言志，欣然命笔，一气呵成写下了豪迈诗篇《送瘟神二首》，用“纸船明烛照天烧”的形象语言为全民消灭血吸虫病做了注脚。

在《送瘟神二首》诗的后记中，毛泽东写道：“就血吸虫所毁灭我们的生命而言，远强于过去打过我们的任何一个或者几个帝国主义。八国联军，抗日战争，就毁人一点来说，都不及血吸虫。除开历史上死掉的人以外，现在尚有一千万人患疫，一万万人受到疫的威胁。是可忍，孰不可忍？……党组织，科学家，人民群众，三者结合起来，瘟神就只好走路了。”

往事并不如烟，几十年前那场轰轰烈烈的消灭血吸虫运动虽然已经成为历史，但仍然留给我们很多启发。

2020 年初，一场突如其来的疫情袭击了武汉，全国人民在党的领导下团结奋斗，4 万多名医护人员、10 多万名志愿者立即驰援武汉和湖北，迅速控制住了肆虐的疫情，充分彰显了中华民族强大的凝聚力和战斗力，充分彰显了社会主义制度的优越性。

这，就是我们的自信！

大庆油田

大庆油田，一个让所有中国人扬眉吐气的名字，提起它，人们就会想起60多年前，那个让中国人摘掉“贫油国”帽子的难忘时刻。

20世纪50年代，刚刚成立的新中国百废待兴。由于缺少石油，许多涉及国计民生的工业项目都无法上马，连北京的公共汽车都不得不背着“煤气包”代替石油。

1957年7月，一支由7人组成的地质综合勘测队，在黑龙江松辽盆地惊喜地发现了石油地质资源。1958年2月，党中央作出石油勘探战略东移的重大决策，对松辽盆地展开全面的地质勘探。

松基三井是松辽盆地第三口基准井。1959年9月26日，棕褐色的油柱就是从这里的管道喷涌而出。它向世人宣告，一个世界级的特大型陆上砂岩油田，在中国黑土地上诞生了！当时，正值庆祝新中国成立10周年，油田因此取名为大庆油田。

1960 年初，党中央在经济困难之时，果断作出在大庆举行石油大会战的决定。来自全国 30 余个石油厂矿、大专院校、退伍军人的 4 万多名会战大军，挺进松嫩平原。但是，当时的油田地区一片荒原，天寒地冻、天气恶劣、物资匮乏，所有的人住在干打垒的土窝子里。

1974 年长春电影制片厂拍摄的电影《创业》，它生动地再现了石油大军头顶青天、脚踏荒原，战天斗地、豪情满怀，甩掉中国贫油落后帽子的会战场景。

1963 年底，大庆油田已建成了 146 平方公里、年产能力 600 万吨原油的生产基地，占全国同期陆上总产量 51.3%，累计生产原油 1155 万吨。1964 年，党中央和毛泽东主席向全国人民发出“工业学大庆”的号召。

说到大庆，所有人都会将一个人的名字和大庆连在一起，那就是铁人王进喜。出生在甘肃玉门的王进喜，是新中国第一代钻井工人。1960 年，作为队长的他，带领着著名的 1205 钻井队，来到大庆参加石油大会战。

铁人王进喜纪念馆是我国第一座工人纪念馆。踏入纪念馆的院门，映入眼帘的就是“铁人”王进喜的雕像，他手扶刹把、目光坚定、巍然挺立。纪念馆从外部鸟瞰呈“工”字，侧看呈“人”字，47 米高的主体建筑，47 级的层层阶梯，寓意着铁人王进喜 47 年短暂却不平凡的人生。他带领大家，靠着人拉肩扛，奋战 3 天 3 夜，将 38 米高、22 吨重的井架矗立在茫茫的荒原上。一天，突然出现井喷，本就有伤在身的王进喜奋不顾身地跳进泥浆池，用自己的身体搅拌泥浆。井喷终于被压住了，而他也昏了过去。正是因为此事，身边的人把王进喜叫作“铁人”。

“有条件要上，没有条件创造条件也要上！”“宁肯少活二十年，拼命也要拿下大油田！”这是王进喜和所有大庆石油工人、科技人员和干部喊出的口号。1969 年，王进喜在人民大会堂开会。路过主席台的时候，周恩来总理特地叫住他，向毛主席介绍王进喜。毛主席握住他的手说：“王进喜，我知道，是工人阶级的代表。”

大庆，一座因油而生、因油而兴的石油之都。它之所以闻名遐迩，是因为在新中国的历史上，它演绎了将亘古荒原变成我国石油化工重要基地的精彩传奇，树立了中国工人阶级钢铁般的光辉形象。如果用 60 吨的油罐车来装大庆油田 60 多年来累计生产的原油，可绕赤道 15 圈。

大庆油田的卓越贡献，已经镌刻在伟大祖国的历史丰碑上，由此孕育而生的“爱国、创业、求实、奉献”的大庆精神、铁人精神，也已经融入了中华民族伟大精神的血脉！

每次回望大庆的创业史，都使我们在震撼中接受教育和洗礼。无论过去、现在还是将来，大庆精神、铁人精神都承载着不朽的价值和永恒的动力，激励着我们做新时代的“铁人”，以为国争光的情怀、顶天立地的气概、忘我拼搏的勇气，为祖国的繁荣富强，绽放青春力量！

向雷锋同志学习

一首中国人最熟悉的歌曲——“学习雷锋好榜样……”，一个中国人家喻户晓的名字，一个生命永远定格在22岁的英雄人物，他就是雷锋。

湖南雷锋纪念馆位于湖南省长沙市望城区。纪念馆中央广场的雷锋塑像基座高3米、身高5米，象征着毛泽东题写的“向雷锋同志学习”题词纪念日3月5日。面带微笑、身着戎装的雷锋，栩栩如生，这是一座人们心中永恒的丰碑！

雷锋原名雷正兴，1940年出生在湖南省望城县的一户贫苦农家。雷锋幼年命运悲惨，新中国成立前，雷锋的家人备受屈辱和压迫，相继去世，不满7岁的雷锋成了孤儿。这段经历给雷锋留下了沉痛的记忆。后来他在日记中写道，“万恶的旧社会，就是这样的黑暗、无情和残酷”。

新中国成立后，在党和政府的关怀下，雷锋生活有了依靠。勤奋好学的他得到了免费读书的机会，顺利完成了学业。1956年，雷锋在荷叶坝完小的毕业典礼上发言，立志当一个“好农民”“好工人”“好战士”。他的这些诺言，在后来的人生选择中一一得到了践行。

雷锋在小学毕业典礼上发言：“我呢，我响应党的号召，决定留在农村广阔天地里，去当新式农民——决心做个好农民，驾起拖拉机耕耘祖国大地；将来，如果祖国需要，我就去做个好工人建设祖国；将来，如果祖国需要，我就去参军做个好战士，拿起枪用生命和鲜血保卫祖国，做人类英雄。”

雷锋毕业后，先是回村做了记工员，后来被推荐到乡政府和县委机关做通讯员。1958 年，18 岁的雷锋响应国家号召，离开家乡湖南，一路北上到了辽宁省鞍山钢铁厂当了工人。临行前，他将自己的名字改为“雷峰”，意为攀登高峰。

雷锋在洗煤车间成了一名推土机手。领导考虑他身材矮小，让他开小车，可雷锋却说：“开小车干活慢，我有十分力绝不使九分。这点儿困难我能克服。”于是，雷锋开上了斯大林 80 号重型推土机。在鞍钢工作的 1 年 2 个月的时间里，雷锋和他使用的推土机一同屡获殊荣。

1960 年 1 月，雷锋再次响应号召参军入伍，被分配到运输连做驾驶员，实现了参军报国的梦想。这时，雷锋已把名字里的“峰”字，改成了冲锋的“锋”，意味着冲锋在前。雷锋在日记中写道：“人的生命是有限的，可是，为人民服务是无限的。我要把有限的生命投入到无限的为人民服务之中去。”1960 年 5 月，部队驻地的望花区和平人民公社成立。想到公社成立会有很多困难，雷锋把自己省吃俭用积攒的 200 元全部捐给了公社。8 月，部队驻地抚顺发生水灾，他带病连续奋战7天7夜参加抗洪抢险。

1960年11月，刚满20岁的雷锋光荣地加入了中国共产党。从1961年开始，雷锋常常在出差的路上做好事。他帮外地来抚顺的老大娘找儿子，给丢失车票的大嫂买车票……因此，人们流传这样一句话："雷锋出差一千里，好事做了一火车。"

在军营，雷锋刻苦练就各项战斗技能。休息时帮助战友洗衣服、缝被子，到校外给孩子们当课外辅导员……他在日记中这样吐露了自己的心声："一个共产党员是人民的勤务员，应当把别人的困难当成自己的困难，把同志的愉快看成是自己的幸福。"

1962年8月15日，雷锋不幸殉职，年仅22岁。1963年3月5日，《人民日报》发表毛泽东同志亲笔题词，号召全国人民"向雷锋同志学习"。雷锋在平凡工作岗位上甘当螺丝钉，勇于奉献，乐于助人，把有限的生命，投入到无限的为人民服务中去，表现出了崇高的共产主义精神，成为那个年代最响亮的名字之一。雷锋精神是新中国社会风尚的一个标志，而且历久弥新！

2009年，雷锋当选为"100位新中国成立以来感动中国人物"。2019年，他荣获"最美奋斗者"称号。

时代在变迁但雷锋精神并没有走远。他对党对国家对人民无比忠诚的炽热之情，他全心全意为人民服务的精神，无论是在过去还是现在都滋润着人们的心田。作为当代青年，我们的责任就是要传承和践行雷锋精神，让雷锋精神代代相传。

小球推着大球转

在中国，这是一项颇受欢迎和推崇的运动。它起源于英国，却在中国广泛传播。无论是在社区、公园，还是在学校、体育馆，上至耄耋老人，下至青葱少年，都能拿起球拍来上几个回合，享受运动带来的快乐。藏于手掌之间的白色小球毫不起眼，但是只要它在4平方米的球桌之上跃动起来，就能让无数国人为之着迷，它既是健身法宝，又是社交武器，更是为国争得荣誉的运动项目，它就是中国的乒乓球运动。

中国乒乓球队自1952年成立至今，经历了由弱到强、再到持久昌盛的发展历程。闪耀过容国团、蔡振华、邓亚萍等诸多乒坛明星，是中国体育军团的王牌之师，屡次在国际大赛上争金夺银。小小的乒乓球不仅帮助中国丢掉了西方列强强加的“东亚病夫”的陈旧印象，更推动了中国外交打开新的局面。

中国乒乓球博物馆位于上海市黄浦区，在“乒乓魅力”展厅，详细记载着一则世界乒乓界的轶事——“小球推着大球转”，即举世瞩目的“乒乓外交”佳话。

新中国成立后，美国对中国实行封锁、孤立政策，两国完全没有正常民间交流活动。1971 年 4 月初，日本名古屋举行了第 31 届世界乒乓球锦标赛，来自 50 多个国家和地区的运动员们进行了 11 天的友好交往和比赛，这是中国乒乓球代表队连续缺席两届世乒赛后的首次亮相，受到世界媒体的广泛关注。4 月 4 日，美国男选手格伦·科恩结束训练后不小心跳上了中国球队的训练车。

当时中美关系并不明朗，中国代表队看到这位背上印着“USA”的美国队员一时面面相觑。就在这时，中国代表队队员庄则栋带着翻译主动与科恩开始交谈，两人一同下车，并肩交谈，直到抵达爱知县体育馆。这一罕见场面被记者发现并拍下，立即成了各大报纸的头版头条新闻。

在中美关系尚未恢复的年代，这样的举动很快成为世界舆论瞩目的焦点。毛泽东主席得知此事后十分重视，经反复斟酌，决定同意邀请美国乒乓球队访华。1971 年 4 月 14 日，在人民大会堂东大厅，周恩来接见美国乒乓球代表团时引用了一句中国古语“有朋自远方来，不亦乐乎”。在周恩来发表讲话的几个小时后，美国总统尼克松宣布了一系列对华解禁措施，结束已经施行了 20 多年的中美两国间的贸易禁令。

一个时代结束了，另一个时代开始了。中国邀请美国乒乓球队访华的消息在全世界引起了轰动并掀起了一股“中国热”，为两国关系破冰带来直接影响，此后中美两国关系逐步实现正常化。

美联社当日报道：20年来在恢复美国和中国已经中断的对话方面所采取的最有意义的一个步骤，竟出现在一个意想不到的地方——乒乓球赛场。法新社报道：这是“中国的新外交战略”。共同社报道：法国外交人士评论中国邀请美国乒乓球队访华时，说“中国的邀请是慎重研究之后发出的。因此，乒乓外交可能会使改善中、美关系的工作取得成功”。

美国乒乓球队的顺利访华为1971年7月基辛格访华和1972年2月尼克松总统访问中国做了铺垫，从此中美关系翻开了新的一页。

体育承载着国家强盛、民族振兴的梦想。进入新世纪，中国乒乓早已成为中国向世界展示的一块响亮名片。未来，以国球之名，我们中国青年将以“胸怀祖国、放眼世界、为国争光”的乒乓精神，发奋图强、勤学苦练、不断创新，攀登一座又一座的高峰。

翻身农奴把歌唱

“太阳啊霞光万丈，雄鹰啊展翅飞翔。高原春光无限好，叫我怎能不歌唱……驱散乌云见太阳，幸福的歌声传四方。”

一首《翻身农奴把歌唱》唱出了民主改革后西藏人民的幸福生活，也折射出民主改革前西藏一段特殊的历史。处于政教合一的封建农奴制统治之下的旧西藏，由官家、贵族和寺院上层僧侣三大领主组成的农奴主阶级，对广大农奴和奴隶进行极其残酷的政治压迫和经济剥削，占人口比例95%的农奴和奴隶处于社会最底层。

农奴主把农奴当作自己的私有财产支配，可随意用于赌博、买卖、转让、赠送、抵债和交换。农奴如果触犯了他们所谓上等人的利益，会受到挖眼、剁脚、断手等各种极刑处罚。在经济上，农奴们还要承受非常沉重的包括徭役、赋税、地（畜）租在内的乌拉差役和高利贷盘剥。西藏人民生存维艰，西藏社会陷入极度贫穷落后和封闭萎缩的状态。

1904年，到过拉萨的英国随军记者埃德蒙·坎德勒在《拉萨真面目》中对旧西藏有着详细的记载。他说，当时的西藏，“人民还停留在中世纪的年代，不仅仅是在他们的政体、宗教方面，在他们的严厉惩罚、巫术、灵童转世以及要经受烈火与沸油的折磨方面是如此，而且在他们日常生活的所有方面也都不例外”。

西藏自古以来就是我国领土不可分割的一部分，藏族人民更是中华民族大家庭中的重要一员。新中国成立后，中央人民政府根据国内外形势，确定了和平解放西藏的方针，这一方针，受到西藏广大人民和上层爱国人士的热烈拥护。1951 年，中央人民政府与西藏地方政府签订《关于和平解放西藏办法的协议》（简称《十七条协议》），西藏实现和平解放，为西藏与全国一起实现共同进步与发展创造了基本前提。

但是，民族分裂分子却在 1959 年 3 月 10 日公开撕毁《十七条协议》，悍然发动了全面武装叛乱。几天后，人民解放军驻拉萨部队奉中央命令及时平定了叛乱，为西藏进行民主改革创造了条件。

1959 年 3 月中下旬，中央人民政府提出“边平叛边改革”的方针，领导西藏人民掀起了波澜壮阔的民主改革运动，彻底摧毁了政教合一的封建农奴制度，实行政教分离和宗教信仰自由，建立了各级人民民主政权。1961 年进行了普选，昔日的农奴和奴隶破天荒第一次获得当家作主的权利。据统计，在民主改革中，共没收和赎买农奴主土地 280 多万亩，分给 20 万户、80 万农奴和奴隶，农奴和奴隶人均分得土地 3.5 亩多。

世代为奴的劳动人民站在属于自己的土地上彻夜狂欢。

西藏民主改革是西藏历史上最广泛、最深刻、最伟大的社会变革，开创了西藏历史的新纪元。被称为西藏民主改革第一村的克松村就是其中的代表。

1959年西藏民主改革前，克松居委会叫克松庄园，是旧西藏农奴主索康·旺清格勒在山南的六大庄园之一。1959年6月，克松村的百姓，在旧西藏处于最下层的“差巴” 和“朗生”们，第一次行使了自己的民主权利，通过选举成立了西藏第一个农民协会，并由此推行了各项改革，克松村成为西藏第一个进行民主改革的村子，因此获得了“西藏民主改革第一村”的称号。1959年12月2日，民主改革工作组在这里成立了西藏第一个农村基层党支部。此后，克松村创造了第一个人民公社、第一个民主改革教学点等许多第一。经过60多年的发展，以克松村为代表的西藏，交通、水电、通信等现代化设施得到了完善，教育普及，历史文化受到保护，人民生活质量等发生了翻天覆地的变化。

2019年底，西藏自治区贫困县（区）全部实现摘帽，62.8万建档立卡贫困人口全部脱贫。今天，全面小康社会在西藏得以建成，一个崭新的西藏展现在世人面前。

今天的西藏，发生了翻天覆地的变化，经济社会发展取得了举世瞩目的成就。在波澜壮阔的历史进程中，一代又一代青年扎根边疆、建设边疆，用青春和热血书写壮丽篇章，以昂扬向上、拼搏进取的时代风貌唱响雪域高原上的青春之歌。

为有牺牲多壮志

每个民族都有自己的精神图腾，每个国家都有自己的精神丰碑！

在北京天安门广场中央，矗立着一座占地面积约为3000平方米，高37.94米，用17000多块花岗石和汉白玉砌成的巨大石碑——人民英雄纪念碑。它是新中国成立后建造的第一块大型纪念碑，被称为“共和国第一碑”。碑身正面8个镏金大字为毛泽东亲笔题写，人民英雄纪念碑碑身和三段镏金碑文则是毛泽东亲自撰写，周恩来亲笔手书的。它既有浓郁的民族风格，又有鲜明的时代特征，代表了新中国纪念性建筑与雕塑艺术的最高水平。

1949年9月30日，中国人民政治协商会议第一届全体会议决定：建立人民英雄纪念碑。傍晚，毛泽东率领400多名代表出席了人民英雄纪念碑奠基仪式，毛泽东和代表一一执锨铲土并表示他们对先烈的崇敬。

人民英雄纪念碑的设计与建设汇聚了魏长青、郑振铎、吴作人、梁思成、刘开渠等一大批当时中国最优秀的文史专家、建筑家、艺术家。光征集和征求意见过程就长达3年多，共收到240多件设计建设方案和修改建设方案。

著名爱国华侨陈嘉庚当时还组织华侨绘制了图纸，并制作成了水泥柱头模型运到北京。纪念碑的浮雕样稿出来后，专门停工3天，组织10万群众观摩提意见。在一个公共建筑的建造中这样广泛地集民智、听民意，世所罕见。

人民英雄纪念碑的建造过程极其艰辛。纪念碑的碑心石，是一整块花岗石，长14.7米，宽2.9米，厚1米，重达60多吨。这块花岗石产自青岛浮山，当时从山上整块开采出来，重达300多吨，200多个工人干了整整3个月！而从山上运到北京，也花了2个多月。人民英雄纪念碑从1949年9月30日奠基，1952年8月1日正式开工，到1958年5月1日揭幕，共历时8年7个月，成为新中国成立以来耗时最长的大型公共艺术项目。

纪念碑须弥座上10幅精美的浮雕，栩栩如生。分别展现了中国近现代史上虎门销烟、金田起义、武昌起义、五四运动、五卅运动、南昌起义、抗日游击战争、胜利横渡长江8个重大历史事件的场景。在“胜利横渡长江”的浮雕两侧，另有两幅以“支援前线”“欢迎中国人民解放军”为主题的装饰性小浮雕。这些浮雕再现了中国人民100多年来反帝反封建的伟大革命斗争历程。

1949年9月30日，在人民英雄纪念碑奠基典礼上，毛泽东同志亲自朗读了碑文。

“三年以来，在人民解放战争和人民革命中牺牲的人民英雄们永垂不朽！三十年以来，在人民解放战争和人民革命中牺牲的人民英雄们永垂不朽！由此上溯到一千八百四十年，从那时起，为了反对内外敌人，争取民族独立和人民自由幸福，在历次斗争中牺牲的人民英雄们永垂不朽！”

“英雄者，国之干；庶民者，国之本。”一个向上的国家与民族，从不会忘却捍卫国家尊严的喋血英烈。重温人民英雄纪念碑的碑文，是记忆的唤醒，是灵魂的触动。

为有牺牲多壮志，敢教日月换新天。英雄先烈用鲜血铸成的灯塔，用生命铺就的前路，将“自己是谁”“从哪里来”“要到哪里去”的答案清晰展现在中华民族面前，展示在我们这一代青年人面前。

唯有缅怀赤子丹心，才能涤荡自我灵魂；唯有铭记先烈遗志，才能坚守人间正道；唯有传承英雄精神，才能创造美好未来。

人民英雄，永垂不朽！

“两弹一星”

在中国科学院大学雁栖湖校区，沿着山路蜿蜒而上，便是中国科学院与“两弹一星”纪念馆。它的前身是怀柔火箭试验基地。

简陋的建筑，斑驳的标语，不仅见证着我国“两弹一星”事业艰难的探索和难忘的历史，更给每个人上了一堂人生之课。

20 世纪 50 年代，刚刚成立不久的新中国，就时刻面临着帝国主义的核威胁与核讹诈。抗美援朝战争期间，美国总统杜鲁门公开表示：如果中国人民志愿军越过“三八线”，美国可能考虑对中国使用原子弹。

1956 年，国务院制定了《1956—1967 年科学技术发展远景规划》，我国的“两弹一星”事业正式拉开了帷幕。

1961 年，毛泽东等党和国家领导人决定自力更生，依靠自己的力量继续研制原子弹和导弹。

1964 年 10 月 16 日 15 时，在新疆罗布泊上空，我国第一颗原子弹爆炸成功，中国成为继美国、苏联、英国、法国之后，世界上第五个独立研制原子弹的国家。它有力打破了大国的核垄断和核讹诈，提高了我国的国际地位。

1967 年 6 月 17 日，我国又在新疆罗布泊成功爆炸了第一颗氢弹。从第一颗原子弹到第一颗氢弹爆炸成功，法国用了 8 年 6 个月，美国用了 7 年 3 个月，苏联用了 4 年，中国仅用了 2 年 8 个月！

1970 年 4 月 24 日 21 时 35 分，从遥远的天空传来清脆的《东方红》乐曲声，我国在酒泉卫星发射中心成功发射了第一颗人造地球卫星“东方红一号”。中国成为继苏联、美国、法国、日本之后，世界上第五个用自制火箭发射国产卫星的国家。

“两弹一星”纪念馆墙上那一张张熟悉的面孔，是一位位共和国的功臣！这些照片让人肃然起敬！

钱学森，中国航天事业的奠基人，“两弹一星”元勋。

“被美国政府拘禁，今已五年；无一日、一时、一刻不思归国参加伟大的建设。”这是 1954 年钱学森写给父亲好友、时任全国人大常委会副委员长陈叔通一封信中的话。当时的钱学森，已经是国际上声名卓著的火箭专家、空气动力学家。

在这一时期，吴自良、程开甲、郭永怀等众多优秀海外学者，纷纷告别他乡的优越生活，选择报效国家。最终，在中国政府的帮助下，他们冲破重重阻挠，加入到建设新中国的洪流当中，成为我国“两弹一星”的功臣。

1958 年 8 月，二机部副部长钱三强找来一位年轻人，告诉他“国家要放一个‘大炮仗’，询问是否愿意负责这项工作，并且说为了保守研发秘密，必须从此隐姓埋名”。这位年轻人毫不犹豫地答应了。在我国进行的45次核试验中，他32次亲临现场，15次担任现场总指挥。他甚至冒着核辐射危险，到爆炸核心地带进行勘查。受核辐射影响，他患上了直肠癌。

在病情逐渐加重后，他提出想看看天安门。就这样，阔别妻子儿女近28年后，一家人才再次重逢。1年后，这位两弹元勋走完了62岁的生命旅程。此时，人们才从报纸上读到“邓稼先”这个名字。

祖国和人民不会忘记他们！

1999年9月18日，中共中央、国务院、中央军委在人民大会堂召开大会，隆重表彰为研制“两弹一星”作出突出贡献的23位科技专家，并授予“两弹一星”功勋奖章。

“热爱祖国、无私奉献，自力更生、艰苦奋斗，大力协同、勇于登攀”的“两弹一星”精神也永载史册，成为全国各族人民的精神财富和不竭的力量源泉。

看着这段波澜壮阔、荡气回肠的共和国壮丽诗篇，是什么让中国人在物质和技术基础十分薄弱的条件下，研制出了自己的“两弹一星”？答案有很多，但最重要的，是对祖国的情怀和精神的力量。

在中华民族伟大复兴的征途中，这种精神将永远闪耀着璀璨的光芒，引领着广大青年前行！

伟大的历史转折

在中国共产党历史上，有两次最伟大的转折事件，一次是遵义会议，另一次是1978年12月18日至22日中国共产党在北京召开的十一届三中全会。这是中共中央在中国面临向何处去的重大历史关头召开的两次重要会议，实现了具有深远意义的伟大转折，揭开了党和国家历史的新篇章，具有划时代的意义。

十一届三中全会闭幕后不久就是1979年元旦。这一天，邓小平作为年度风云人物登上《时代》周刊封面，评论称，邓小平向世界打开了“中央之国”的大门，这是人类历史上气势恢宏、绝无仅有的一个壮举！

1978年的中国，虽然结束了“文化大革命”，但是思想比较僵化，国家经济发展缓慢，各行各业亟待振兴。1978年5月，一场遍及全国的“真理标准大讨论”，给当时沉闷的思想界注入了生机和活力，人们的思想开始得以解放，重新思考“大跃进”、人民公社化以及“文革”期间发生的系列事情。

与此同时，一场农民自发的探索在安徽、四川等地悄然上演。

1978年冬天的一个寒夜，安徽省凤阳县小岗村的18位农民在“包干到户”的契约上摁下了鲜红的手印，拉开了我国农村改革的序幕。

1978年11月10日至12月15日，中共中央工作会议在北京召开，12月13日，邓小平作了题为《解放思想，实事求是，团结一致向前看》的重要讲话，为即将召开的十一届三中全会确立了指导思想。这次会议，为十一届三中全会的召开作了充分的思想准备。

12月18日至22日，党的十一届三中全会胜利召开，全会作出了从1979年起，把全党工作重点转移到社会主义现代化建设上来的战略决策。

全会重新确定了中国共产党的正确的思想路线，批判了“两个凡是”的错误方针，充分肯定了必须完整、准确地掌握和运用毛泽东思想的科学体系，高度评价了关于真理标准问题的讨论，确定了“解放思想，开动脑筋，实事求是，团结一致向前看”的指导方针。

全会重新确立了中国共产党的正确的政治路线，果断地停止使用“以阶级斗争为纲”的口号。

全会重新确立了中国共产党正确的组织路线，决定在组织上健全党规党纪，健全党的民主集中制，反对接受和制造个人崇拜，加强集体领导。

全会还审查和解决了中国共产党历史上一批重大冤假错案和一些重要领导人的功过是非问题。全会认为，过去那种脱离党和群众的监督，设立专案机构审查干部的方式，弊病极大，必须永远废止。

全会提出了要注意解决好国民经济重大比例严重失调的问题，制定了加快农业发展的决定，同意将《中共中央关于加快农业发展若干问题的决定（草案）》和《农村人民公社工作条例（试行草案）》发到省、自治区、直辖市讨论和试行。为了把农业搞上去，必须首先在农村实行改革，推行联产计酬责任制。这给当时正在探索的农村改革注入了一针强心剂。

十一届三中全会作出的实行改革开放的决定，重新确立的思想路线、政治路线和组织路线，使中国进入了改革开放的新时期；开启了我们党在新中国成立以来，具有深远意义的伟大历史转折；开辟了建设中国特色社会主义的新道路。

邓小平对此有过高度评价，他说：“我们真正的转折点是一九七八年底召开的十一届三中全会。三中全会制定了新的纲领、方针和政策，制定了新的思想路线、政治路线和组织路线。”

在中华民族历史上，在中国共产党历史上，在中华人民共和国历史上，十一届三中全会都占有极为重要的一页。它所确立的以经济建设为中心，实行改革开放和拨乱反正的路线方针与政策，开启和指引着中国特色社会主义事业发展的方向。

今天，这种勇于改革创新、善于开创新局的精神，经过一代又一代人的传扬，转化成了新时代青年成长成才和干事创业的激情和动力，这也正是需要弘扬的时代精神。

中国的改革始于农村

位于安徽省滁州市凤阳县的小岗村，是著名的“中国农村改革第一村”。1978年，这里率先实行了“农业大包干”生产责任制，拉开了我国农村改革的序幕，成了中国农民的一项伟大创举。

一个普通的小岗村，何以做出惊天动地的大事？

1978年夏秋之际，安徽省遭受了严重的旱灾。秋种遇到困难，省委决定拿出部分土地借给农民种粮种菜，所产粮菜不征购，不计口粮。这一措施很快调动起了群众的生产积极性，当年全省超额完成秋种计划。

当年的小岗村，是出了名的吃粮靠返销、生产靠贷款、生活靠救济的“三靠村”，泥巴房，泥巴床，泥巴锅里没有粮……

到处开裂的泥巴墙壁、不遮风雨的茅草屋顶、破旧简陋的家具，这便是当年村民严立华的家。而最具历史意义的是屋内的几把条凳、数个木墩和一张方桌，这便是40多年前18位农民按红手印的地方。

1978 年 12 月一个深夜，时任小岗村生产队长的严宏昌，带领着其他 17 户小岗村民，走进严立华的家。

一张事先拟好的契约上面写着："我们分田到户，每户户主签字盖章，如以后能干，每户保证完成每户的全年上交和公粮，不在（再）向国家伸手要钱要粮。如不成，我们干部坐牢杀头也甘心，大家社员也保证把我们的小孩养活到十八岁。"

这一张话语朴素、甚至有着错别字的生死契约，寥寥数语，却字字千钧，充满了不惧生死、敢为天下先的强大力量。

灯光下，18 个人找到各自的名字，郑重地按下了 18 个鲜红的手印。敢为天下先的小岗村人在实行大包干后，第一年便迎来了大丰收，村民不仅吃饱了肚子，还给国家和集体上缴了粮食，一举结束了 20 多年来吃国家救济粮的历史。

"保证国家的，留足集体的，剩下都是自己的。"这个方法简便易行，成效显著，受到农民的欢迎。四川、甘肃、云南、广东等先后放宽政策，揭开了农村经济改革的序幕。

1980 年 5 月，邓小平在一次谈话中肯定了农民的改革创举。他说："农村政策放宽以后，一些适宜搞包产到户的地方搞了包产到户，效果很好，变化很快。"他指出，影响集体经济的担心是不必要的，这些地方只要生产发展了，农村的社会分工和商品经济发展了，低水平的集体化就会发展到高水平的集体化，集体经济不巩固的也会巩固起来。

1980 年 9 月，中共中央印发了《关于进一步加强和完善农业生产责任制的几个问题》，突破了多年来把包产到户等同于分田单干和资本主义的观念，肯定了在生产队领导下实行的包产到户。

1982年，党中央发出“一号文件”，明确指出包括包产到户在内的各种责任制，都是社会主义集体经济的生产责任制。

到1984年底，全国569万个生产队中99%以上都实行了家庭联产承包责任制，全国人均粮食拥有量达到393公斤，基本解决了温饱问题。我国农村开始向着专业化、商品化、社会化生产转变。

如今走在小岗村的路上，这个地处淮河岸边的小村庄，已经美丽蝶变。友谊大道两侧民居鳞次栉比、粉墙黛瓦，农家乐、特产店、农村电商生意红火，不远处的现代农业基地孕育新的生机……

那个“当年农家”院落，无声地伫立在岁月的光影里，像一位饱经风霜的老者，诉说着这里的过往，见证着这里如今的辉煌。

2016年4月25日，习近平总书记来到小岗村考察时深情地说：“当年贴着身家性命干的事，变成中国改革的一声惊雷，成为中国改革的标志。”

“上下同欲者胜。”改革开放40多年来，中国创造了世所罕见的“中国奇迹”，迈上了中华民族伟大复兴的新征程。

我们这一辈青年欣逢盛世，当更加以敢为天下先的精神，去拥抱、迎接和融入这个伟大的新时代！

发展就是硬道理

40 多年前，这里还是一个默默无闻的边陲小镇。如今，这里已经发展成为一个拥有 1756 万常住人口的“创新之都”。在改革开放的时代大潮中，几代中国人前赴后继，在这里创造了世界发展史上的一个个奇迹。这里，是一座浓缩中国梦时代精华的城市，这里，是梦想之城、创新之都，这里就是——深圳。

走进这座创造了世界发展史奇迹的城市，探寻其高质量发展密码。而说起深圳奇迹般的崛起，就不能不提到一个“老人”——邓小平。

1979 年 3 月，国务院批复同意广东省宝安县改设为深圳市。同年 4 月，广东向中央汇报建言在毗邻港澳的深圳、珠海以及汕头兴办出口加工区，得到邓小平等中央领导的支持。

邓小平提出，在你们广东划出一块地方来，也搞一个特区。1980 年 8 月 26 日，深圳经济特区正式获批。然而，改革开放的航程并非一帆风顺，作为新生事物的经济特区面临着许多困难。1992 年，又是一个春天，邓小平到深圳、珠海等地视察，发表了著名的南方谈话。

南方谈话从理论上深刻回答了困扰和束缚人们思想的许多重大问题，把改革开放推进到一个新阶段。深圳的发展获得了持续的动力：地区生产总值从1980年的2.7亿元增长到2020年的2.77万亿元，国家高新技术企业总数达到18650家。

位于深圳市罗湖区南湖街道的渔民村，16栋楼宇错落有致，党群服务中心、社区公园、村史馆等改造一新，呈现出村民精神文化生活的新图景。但是有谁知道，曾经的渔民村“吃了上顿没下顿，家家穷得叮当响”。

在深圳经济特区设立之前的宝安县，曾流传着“宝安只有三件宝，苍蝇蚊子沙井蚝，十户九空人离去，村里只剩老和少”的民谣。人均年收入只有134元，许多青壮年冒着生命危险偷渡香港，40多万亩粮田中，荒芜的达10多万亩。

从20世纪80年代初开始，通过改革开放，深圳经济特区创造了著名的“深圳速度”“深圳效率”，成为全国发展最快、最耀眼的地方，并创造了24项全国第一：第一次进行土地拍卖，第一次发行人民币特种股票，第一个建立出口工业区，第一个创办证券交易所和股份制银行……深圳迎来了沧桑巨变。

在改革开放的时代大潮中，深圳始终挺立潮头、走在前列，充满逐梦前行的力量。2020年10月14日，习近平总书记在深圳经济特区建立40周年庆祝大会上指出：“深圳是改革开放后党和人民一手缔造的崭新城市，是中国特色社会主义在一张白纸上的精彩演绎。”

深圳广大干部群众披荆斩棘、埋头苦干，用40年时间走过了国外一些国际化大都市上百年走完的历程。这是中国人民创造的世界发展史上的一个奇迹。如今，深圳在新发展理念的引领下，又开始了第二次创业的新征程。

有统计数据表示，深圳，是一个平均年龄只有32.5岁的一线城市，“青春”是其最大的亮色，正是因为有一代又一代有志青年的不断加入，才使得她焕发出生机勃勃的创造力、发展力。

我们作为新时代的青年，要在党的领导下，为不断实现人民对美好生活的向往、创造让世界刮目相看的更大奇迹，挥洒青春和汗水、贡献智慧和力量。

取消农业税

2006年1月1日，中国全面取消农业税，这标志着在中国延续了2600多年的“皇粮国税”彻底退出历史舞台，从此，中国改革发展的史册上又多了一个重要的历史节点。

农业税，俗称“公粮”，是国家对一切从事农业生产、有农业收入的单位和个人征收的一种税。

中国作为历史上传统的农业国家，农业税是国家的重要税种，是政权统治的基础，是国库的主要来源。新中国成立以后，农业税也一直是国家收入的主要支柱。1958年6月，第一届全国人大常委会第九十六次会议审议通过了《中华人民共和国农业税条例》。改革开放之后，随着建立社会主义市场经济体制步伐的加快，党中央及时推出了对农业结构实施战略性调整的方针。1998年10月，党的十五届三中全会通过了《中共中央关于农业和农村工作若干重大问题的决定》，其中明确提出了要逐步施行农村税费制度改革。

2000年，农村税费改革试点工作在安徽率先启动。2003年，农村税费改革在全国范围内全面铺开。2004 年的政府工作报告提出，要在“五年内取消农业税”。截至 2005 年底，全国有 28 个省份全部免征农业税，牧业税全面取消。2005 年 12 月 29 日，第十届全国人大常委会第十九次会议决定，自 2006 年 1 月 1 日起废止《中华人民共和国农业税条例》。这是新中国成立以来，继农村土地改革、家庭承包经营责任制后的又一历史性变革。

2006 年 2 月 22 日，国家邮政局发行了一枚面值 80 分的邮票，名字叫作《全面取消农业税》，规格为 33×44 毫米，用来纪念自 2006 年 1 月 1 日起被废止的《中华人民共和国农业税条例》。

邮票整体设计成日历的形式，上面有着一个大大的“税”字的那一页正在被撕掉，其中“税”字第一笔为麦穗形象，象征着农业税。正在被撕掉的这一页的背面，上面有“2006 年 1 月 1 日全面取消农业税”的字样。在被撕掉的这一页下面，描绘着一幅蓝天白云、牛羊成群，庄稼在彩虹下葱郁生长的美好场景。小小邮票的诞生，标志着一个古老税种的终结和一个崭新农村的开始。

全面取消农业税的消息一经传开，广大农村沸腾了！农民们兴奋地舞起龙狮、跳起舞蹈，庆祝中国农业农村发展史上的这件大事。2006 年 9 月，河北省灵寿县青廉村一位普通的农民王三妮自掏腰包，铸造了一尊“告别田赋鼎”。如今，这尊鼎已成为中国农业博物馆的镇馆之宝。

这尊鼎为三足青铜圆鼎，高 99 厘米，直径 82 厘米，重 252 千克，上面刻有朴实的铭文：“……我是农民的儿子，祖上几代耕织，辈辈纳税。今朝告别了田赋，我要代表农民铸鼎刻铭，告知后人，万代歌颂永世不忘……”

农业税的取消，让农民吃上定心丸。极大地调动了农民的积极性，又一次解放了农村生产力。田间地头忙碌的身影多了起来，不少外出务工的农民又回村种地了。

为进一步巩固农村税费改革成果，防止农民负担的反弹。2006年，党中央作出了推进农村综合改革的重大决策，国务院农村税费改革工作小组及办公室更名为国务院农村综合改革工作小组及办公室。近年来，一系列强农惠农富农政策得到新的施行，极大地推动了我国农业生产的发展，农民生活、农村面貌发生了新的变化。

望得见山、看得见水、记得住乡愁。当年那枚《全面取消农业税》邮票上描绘的美好图景，如今已成为触手可及的现实。40多年前，中国通过农村改革，拉开了国家改革开放的大幕。40多年后的今天，中国正通过乡村振兴发展战略，让农业农村现代化在广袤的土地上深深扎根。在这个伟大的新征程上，我们青年该有怎样的担当和作为？这是时代留给我们的宏大考题，我们要用行动去作答！

紫荆花开映香江

自1997年7月1日香港回归祖国怀抱以来，每天清晨，金紫荆广场上都会举行庄严的升旗仪式，在国歌声中，五星红旗和香港特别行政区区旗一同升起，在香港上空高高飘扬。这是党的十一届三中全会以后，以“一国两制”科学构想为指引，开辟的以和平形式实现祖国统一的最佳方案，香港从此走向与祖国同呼吸、共命运的发展道路。

香港是中国固有的领土，由香港岛、九龙半岛、新界以及附属岛屿组成。1840年以后，英国殖民主义者通过侵略战争与不平等条约，抢占了香港。香港问题成为历史遗留问题。

1979年，英国政府试图借中国百废待兴之机向中国施加压力，取得管治香港的长期权力。同年3月，邓小平会见香港总督麦理浩时说，这个问题本身不能讨论。但可以肯定的一点，就是到那时候解决这个问题，我们会尊重香港的特殊地位。

1981年12月，中共中央作出了1997年7月1日收回香港的决定。中国政府对处理香港问题确定了两条原则：一是一定要在

1997年收回香港，恢复行使主权，不能再晚；二是在恢复行使主权的前提下，保持香港的稳定和繁荣。

1982年9月，英国首相撒切尔夫人访问中国，正式拉开中英关于香港问题谈判的序幕。会谈中，邓小平明确指出，一九九七年中国将收回香港。就是说，中国要收回的不仅是新界，而且包括香港岛、九龙。

这次会谈中国掌握了收回香港的主动权。经过2年多的艰难谈判，1984年12月，中英两国政府正式签署《关于香港问题的联合声明》，确认中国政府于1997年7月1日对香港恢复行使主权。至此，中国政府开始制定香港特别行政区基本法。

1990年4月，第七届全国人大三次会议审议通过《中华人民共和国香港特别行政区基本法》，把中央政府对香港的各项方针政策以法律形式固定下来。1996年12月11日，香港特别行政区第一届政府推选委员会第三次全体会议召开，选举董建华为香港特区的第一任行政长官，并于12月16日得到中央政府的正式任命。香港回归祖国的各项准备工作基本就绪。

1997年6月30日午夜至7月1日凌晨，举世瞩目的中英两国政府香港政权交接仪式在香港会展中心举行。与此同时，驻港英军部队与中国人民解放军举行防务交接仪式。中英防务交接时中方指挥官谭善爱用铿锵有力的声音对驻港英军喊出："我代表中国人民解放军驻香港部队接管军营，你们可以下岗，我们上岗。祝你们一路平安。"

6月30日23时59分，英国国旗和香港旗缓缓降下，宣告了英国对香港一个半世纪的殖民统治就此结束。7月1日0时0分

0 秒，在雄壮的中华人民共和国国歌声中，中华人民共和国国旗和中华人民共和国香港特别行政区区旗冉冉升起。中华人民共和国主席江泽民庄严宣告：中国对香港恢复行使主权。

实践充分证明，“一国两制”是历史遗留的香港问题的最佳解决方案，也是香港回归后保持长期繁荣稳定的最佳制度安排，是行得通、办得到、得人心的。

2021 年 3 月，第十三届全国人大四次会议高票通过《全国人民代表大会关于完善香港特别行政区选举制度的决定》，充分彰显了党中央落实“爱国爱港者治港”的原则，确保“一国两制”实践行稳致远的坚定决心。

我不知道你是谁，我却知道你为了谁

中国是一个频繁发生洪灾的国家。从大禹治水开始，一部中华文明史，可以说就是一部与洪水不断作斗争的历史。1998 年夏，我国江南、华南大部分地区及北方局部发生了有史以来的特大洪水。危难之际，在党中央坚强领导下，全国上下众志成城。一幕幕催人泪下、感人至深的动人画面在抗洪抢险中上演。

那一年，一首经典老歌《为了谁》唱出了人民子弟兵的伟大，歌颂了人民子弟兵在抗洪救灾中的无私奉献精神，20 多年过去了，这首歌依旧是那么扣人心弦。

在江西省九江市浔阳西路的长江之畔，有一座四面镂刻着“1998”的纪念碑，矗立在九八抗洪纪念广场中央。广场北侧，有一座长 80 余米的船型建筑静卧江边，这便是九江抗洪纪念馆。它们正向人们诉说着 20 多年前那段不平凡的日子。

1998 年 8 月 7 日 13 时 50 分，长江干堤九江段 4 号闸与 5 号闸之间的大堤经不住持续高位的江水浸泡和压力差，轰然倒塌，决堤 30 米左右。汹涌的长江水如脱缰野马，急速向九江城区方向涌去，数十万人民的生命和财产安全受到威胁。

面对特大洪水的袭击，中共中央、国务院和中央军委周密部署，指挥了一场气壮山河的抗洪抢险斗争。广大官兵更是以勇敢的气魄和坚定的毅力，一次又一次顽强地战胜了洪峰。

广大官兵冒着炎炎烈日，搬石料，垒堤坝，一身泥水一身汗。热了，就用编织袋兜起江水冲头降温，或者干脆跳到浑浊的江水里浸泡一下再战斗；困了，就大把大把地往脸上抹风油精，赶走瞌睡。他们始终牢牢挺立在滔滔洪水面前，一步也不曾后退，“人在堤在”的铮铮誓言回响在抗洪一线。

在近千名官兵毫无间歇地向江水中投入石料、沙包，下沉军车，均无济于事后，最终决定沉船。一辆装载1600吨煤炭、长75米的大驳船，恰到好处地横堵在决口处。紧接着，指挥部又迅速调来七条船下沉。接连5天，数千名解放军及武警官兵顶着烈日暴晒，披星戴月，日夜奋战，终于宣告封堵完成。

那是一场全国抗洪军民万众一心、共同迎战的战役。“红军团”“百将团”……一面面红色的旗帜屹立在长江大堤旁，旗帜的背后就是一支支英勇无畏的队伍。大江奔涌，他们奋不顾身，以自己的血肉之躯筑起了保护九江的铜墙铁壁。

在抗洪一线，由于长时间浸泡在水中，战士们的脚烂了；有的战士连续奋战10多个小时都没吃一口饭；高温中，接连有官兵中暑晕倒。原广州军区某部战士李向群，在抗洪数日间参加了8次抢险战斗，先后4次晕倒在大堤上，每次被送进医院救醒后，又立即拔掉输液针管上堤战斗，终因劳累过度壮烈牺牲，年仅20岁……

洪水无情，却将子弟兵与人民群众的心紧紧联系在了一起。想到前线战士正面临着酷暑，附近的居民为他们端来了绿豆汤；担心英雄们吃不饱，餐馆老板组织员工把可口的饭菜送到抗洪战场；部队从大堤上撤下来后，“军人免费”成了当时九江出租车行业不成文的“行规”……

在九江抗洪纪念馆，两个“棉垫肩”静静地摆放在展厅内，其中一个上面写着“赠给亲人解放军”。这是当地群众得知抗洪官兵扛沙包肩膀磨得很厉害，自发连夜制作的坎肩。它见证了军民的心心相印、鱼水情深。正是有了数百万军民众志成城、奋起抗洪，正是有了敢于斗争、善于斗争的斗争精神，正是有了一方有难、八方支援的团结合作，中华儿女用钢铁般的意志和大无畏的英雄气概，最终赢得了抗洪抢险的伟大胜利。

经此一役形成的“万众一心、众志成城，不怕困难、顽强拼搏，坚韧不拔、敢于胜利”的“抗洪精神”，成了中华民族一种新的精神力量，鼓舞着中国人民战胜各种艰难险阻，不断前进。

“我不知道你是谁，我却知道你为了谁。”这是人民群众对九八抗洪英雄们美好品格和行动的情感表达，体现的是我们党、政府和军队全心全意为人民服务的宗旨。英勇的抗洪壮举孕育出伟大的抗洪精神，这是我们中国人的骄傲和自豪，更是我们当代青年应该继续发扬光大的宝贵精神财富，激励着我们以实际行动践行好新时代青年的使命和担当。

一根羽毛托起和平

有人说，我们并不是生活在和平的时代，只是有幸生活在一个和平的国家。时至今日，我们每一个中国人习以为常的和平，在世界许多地方仍然是很多人遥不可及的奢望。近代以来饱受战争之苦的中国人民，对于和平的意义感受更为深切，对维护和平的决心也更为坚定。

改革开放40多年来，众多戴着一顶顶“蓝盔”的中国军人，在异国他乡恪尽职责、撑起一方安宁和平，传播着友谊和文明。他们就是以“威武之师、文明之师、和平之师”著称的中国维和部队。

中国本土无战事，但是中国军人有牺牲！2020年9月，国务院新闻办发布《中国军队参加联合国维和行动30年》白皮书。白皮书指出，30年来，中国军队先后参加25项联合国维和行动，累计派出维和官兵4万余人次。先后有英勇的16名中国维和部队的军人为了全球的和平事业奉献出自己宝贵的生命，而他们的名字必然会以荣耀写入史册。

烈士李磊，从小就有一个从军报国的梦想。2011 年，他如愿成为杨根思生前所在部队的一名战士。2015 年，他主动请战，跟随所在部队组建的维和步兵营，远赴南苏丹执行国际维和任务。身为值守弹药库的哨长，李磊始终坚守岗位，累计执勤超过 1000 多个小时。

“我是哨长李磊，我们永远相信杨根思‘三不相信’精神，不相信有完成不了的任务，不相信有克服不了的困难，不相信有战胜不了的敌人。”

2016 年 7 月 8 日，南苏丹政府军与反政府军爆发激烈交火。李磊所在的步兵一连担负 1 号难民营的警戒封控任务。7 月 10 日 18 时 39 分，李磊所乘坐的步战车突遭一枚火箭弹袭击。他受伤最重，头部、胸部多处被弹片击中，最终因抢救无效壮烈牺牲，与他一同牺牲的还有战友杨树朋。在副班长田飞衡的怀里，李磊留下最后的遗言——“田班长，我这辈子就交给党了”。

1990 年 4 月，应联合国邀请，中国首次向联合国停战监督组织派出了 5 名军事观察员。此后 30 多年来，中国维和人员从无到有、兵力规模从小到大、部队类型从单一到多样不断发展。

2009 年 6 月，已经出色完成了第一次海地维和任务的和志虹，又入选了中国第八支赴海地维和警察防暴队，担任我国驻海地维和警队联络官。出发前一天，和志虹给丈夫和儿子写了一封邮件：“亲爱的老公、儿子，明天早上八点我们就要离开祖国，唯一放心不下的是我的心肝宝贝云云。……如果有人问你，你的妈妈是做什么的？你可以很自豪地告诉他，我妈妈是维和警察，表现一定优异。”

两次承担维和使命的和志虹，在所有的外事活动中都充分展示着中国维和警察的专业素质。第二次维和期间，和志虹还在海地办起了中文学习班，和其他会外语的队员一起教当地孩子学习中文，唱中国儿歌。队员们都称她是“和平大使”。

就在和志虹即将圆满完成第二次维和任务之际，2010 年 1 月 12 日下午，海地发生里氏 7.0 级地震。联合国驻海地稳定特派团总部大楼坍塌，共 8 名中国维和警察殉职，其中包括 35 岁的和志虹。

2015 年 9 月 18 日，习近平总书记在联合国维和峰会上说道：“5 年前，中国维和女警察和志虹在海地执行联合国维和任务时不幸殉职，留下年仅 4 岁的幼子和年逾花甲的父母。她曾经写道：‘大千世界，我也许只是一根羽毛，但我也要以羽毛的方式，承载和平的心愿。’这是她生前的愿望，也是中国对和平的承诺。”

30 多年来，中国蓝盔在危险中逆行、在战火中坚守，充分展现了威武之师、文明之师、和平之师的形象，成为中国特色大国外交的强大推动力和亮丽风景线。

作为新时代的青年，我们要向中国维和部队官兵学习。用实际行动践行“敬佑生命、救死扶伤、医者仁心、大爱无疆”的使命情怀。

科学的春天

进入21世纪以来，全球科技创新进入空前密集活跃的时期，新一轮科技革命和产业变革正在重构全球创新版图、重塑全球经济结构。

从“嫦娥”探月到“长五”飞天，从“蛟龙”入海到航母入列，从北斗组网到5G商用，从随处可见的“扫一扫”到层出不穷的“无人”“共享”，科学技术从来没有像今天这样深刻影响着国家前途命运，从来没有像今天这样深刻影响着人民生活福祉。一项项成就，标注着我国科技发展的高度。一项项创新成果和技术突破，既离不开基础研究的持续推进，也有赖于对创新土壤的厚培。

“这是革命的春天，这是人民的春天，这是科学的春天！让我们张开双臂，热烈地拥抱这个春天吧！”今天重读郭沫若先生的《科学的春天》，仿佛穿越时光，回到了40多年前的那个改变中国命运的春天。

1977年，经过十年“文革”的中国百废待兴，社会主义建设事业处在重要的转折关头。邓小平复出后，以科技、教育这两个遭受“四人帮”严重践踏的领域为突破口，大胆果断地进行拨乱反正。1977 年 8 月 4 日至 8 日，邓小平主持召开了科学和教育工作座谈会，把大家提出的改革招生制度、尊重知识、尊重人才、提高科技人员待遇等建议都记在本子上并及时加以解决。这次会议如和煦的春风，温暖了亿万知识分子的心。一股学科学、用科学的热潮在全国悄然兴起。

恢复高考制度是第一个突破口，在全国引起强烈反响。这是粉碎“四人帮”后第一个关系到千百万知识分子前途命运的大事。当年全国高考报名人数达到 570 多万，由各省、自治区、直辖市组织入学考试，录取 1977 届新生 27.3 万人。

1978 年 1 月，徐迟的报告文学《哥德巴赫猜想》在《人民文学》第一期发表，《光明日报》《人民日报》相继全文转载。一时间，数学家陈景润成了家喻户晓的明星，他激起了全社会对科学的崇尚。1978 年 3 月 18 日，全国科学大会在人民大会堂召开，来自全国各地近 6000 名代表参会，会期 14 天。会上，邓小平发表了重要讲话，他明确指出：“四个现代化，关键是科学技术的现代化。……知识分子……的绝大多数已经是无产阶级自己的一部分……从事体力劳动的，从事脑力劳动的，都是社会主义社会的劳动者。”邓小平还重申了“科学技术就是生产力”这一马克思主义的基本观点。

邓小平的讲话澄清了科学技术发展的理论是非，打破了长期禁锢人们，特别是知识分子的精神枷锁。经历磨难的科学家们在台下听得热泪盈眶，不时报以热烈的掌声。大会讨论通过了《1978—1985 年全国科学技术发展规划纲要（草案）》，并举行了隆重的授奖仪式。闭幕会上，时任中国科学院院长的郭沫若发表书面讲话《科学的春天》，引起大家的强烈共鸣。

全国科学大会是中国科学技术事业发展史上的一个重要里程碑，它扫清了十年“文革”后科学技术发展的政治障碍，把科学技术重新提高到国家战略的地位，对科技、教育战线的调整、整顿、改革等起了重要的推动作用，对后来科学技术的发展也产生了巨大而深远的影响。会议改变了知识分子的命运，为日后国家制定科教兴国战略和人才强国战略奠定了坚实的基础。

1978 年 12 月，具有极其重要历史意义的党的十一届三中全会在北京召开，开启了中国改革开放和社会主义现代化建设的新时期。科学技术正式进入发展的春天。2021 年 3 月 11 日，第十三届全国人大四次会议一致通过《中华人民共和国国民经济和社会发展第十四个五年规划和 2035 年远景目标纲要》，开启了全面建设社会主义现代化国家的新征程。规划纲要首次把“科技自立自强”作为国家发展的战略支撑，提出要加快建设科技强国。这昭示着又一个科学春天的到来。

郭沫若先生在《科学的春天》的发言稿里这样写道：“我的这个发言，与其说是一个老科学工作者的心声，无宁说是对一部巨著的期望。这部伟大的历史巨著，正待我们全体科学工作者和全国各族人民来共同努力，继续创造。它不是写在有限的纸上，而是写在无限的宇宙之间。”

新时代开启新征程，我们当代青年更应该肩负起历史使命，用我们的智慧和汗水，书写科技强国这部历史巨著的崭新篇章。

实践是检验真理的唯一标准

在中国国家博物馆，珍藏着1978年5月10日印发的第60期中共中央党校内部刊物《理论动态》，头版文章便是《实践是检验真理的唯一标准》。5月11日，《光明日报》在头版刊发了特约评论员文章《实践是检验真理的唯一标准》，引发了关于真理标准问题的大讨论。这场讨论，是继延安整风之后又一场马克思主义思想解放运动，成为拨乱反正和改革开放的思想先导。为党重新确立实事求是的思想路线，纠正长期以来的“左”倾错误，实现历史性的转折作了思想理论准备，深刻影响了中国历史进程，在党的历史以及共和国的发展史上占有重要地位。

《实践是检验真理的唯一标准》这篇理论文章，短短6000字，却是当时中国一个重要的“政治宣言”，发出了思想解放和时代转折的先声！这篇文章，后来又被称为“春风第一枝”。

1978年的中国，“文化大革命”虽已结束两年，但种种阴霾仍未散净。“两个凡是”严重束缚着国人的思想，那时的中国，正徘徊在一个新的十字路口。《实践是检验真理的唯一标准》的诞生，使得整个中国都被投入了一个浪潮——关于真理标准的大讨论之中，并由此引发了这个古老国家当代史上最激动人心的一次变革。继《光明日报》将《实践是检验真理的唯一标准》全文公开发表后，新华社随即向全国转发，随后《人民日报》《解放军报》《解放日报》等全文转载。几个月间，上百家媒体加入了转载的行列。“社会实践不仅是检验真理的标准，而且是唯一的标准。”这是《实践是检验真理的唯一标准》的鲜明主张，批判的锋芒直指“两个凡是”，因此不折不扣地成了一篇向“两个凡是”公开宣战的战斗檄文，在当时中国思想理论界引起巨大震动，也引发了马克思主义观点与“左”倾错误观点的激烈交锋。关键时刻，邓小平以巨大的理论勇气和政治魄力，有力地推动了真理标准问题讨论的深入。

1935年7月出生于江苏无锡的胡福明，是1978年《光明日报》特约评论员文章《实践是检验真理的唯一标准》的主要作者。作为一名南京大学哲学系的普通学者，他通过一篇文章改变历史，这是值得一个学者无比骄傲的事情。

1978年6月2日，邓小平在全军政治工作会议上发表讲话，着重阐述了毛泽东关于实事求是的观点，批评了“两个凡是”的错误，号召“打破精神枷锁，使我们的思想来个大解放”。在邓小平和许多老一辈革命家的支持下，真理标准问题的大讨论在全党全社会迅速展开，形成了思想解放的滚滚大潮。截至1978年底，中央及其他省市报刊共刊登关于真理标准问题讨论的文章达到650多篇。通过大讨论，“两个凡是”被认定是阻碍历史进程的绊脚石而被否定，“实践是检验真理的唯一标准”最终成为全体中国人的共识，为党的十一届三中全会的召开奠定了重要思想基础。

1978年12月13日，邓小平在中共中央工作会议上发表讲话："解放思想，开动脑筋，实事求是，团结一致向前看，首先是解放思想。只有思想解放了，我们才能正确地以马列主义、毛泽东思想为指导，解决过去遗留的问题，解决新出现的一系列问题。"

邓小平这篇主题为《解放思想，实事求是，团结一致向前看》的讲话，成为随后召开的十一届三中全会主题报告的主导内容，而"解放思想，实事求是"也最终成为一个鲜明的思想印记，贯穿了中国改革开放的整个进程。在关系到国家、民族前途命运的重要时刻，一场关于真理标准问题的大讨论犹如江河破冰，使我们党得以重新确立马克思主义的思想路线和政治路线，为改革开放和社会主义现代化建设新时代的到来打开了思想先河。

作为一名新时代的青年，站在新征程上回望那段历史，时空交错处今昔对比，越发感受到"解放思想，实事求是"释放的磅礴伟力。今天，我们比历史上任何时期都更加接近实现中华民族伟大复兴的目标，展望辉煌未来，"解放思想无止境、实事求是无禁区、改革开放再出发"是我们的青春誓言。

社会主义也可以搞市场经济

今天，生活在世界上任何一个地方的中国人，都能感受到祖国的强大。中国制造、中国商品遍布世界各国，中国货物贸易规模多年位居世界第一。越来越多的中国理念、中国方案得到世界广泛认同，正为全球发展开创新机遇，谋求新动力，拓展新空间。今天的中国，促进了全球贸易的发展，也加速了经济一体化进程，而中国从改革开放到融入全球贸易体系，却经历了漫长而艰难的探索历程。中国在改革开放以前，散布在我国城乡的市场几乎是清一色的国营商店或者合作社，物资也很少，购物要凭各种“票”和指标：“肉票”“粮票”“布票”，甚至买豆腐也要票……“要素指标”“钢材指标”“水泥指标”……没有票和指标，寸步难行；有了票和指标，也不一定买得到东西。

改革开放以前，由于计划造成的“条条管理”和“块块管理”，使相邻的企业也不能进行市场交易。沈阳有两家隔街相望的工厂，一个叫沈阳变压器厂，一个叫沈阳冶炼厂，分属不同部门管理。变压器厂需要大量的铜，由主管的第一机械工业部从云南等地调到沈阳。冶炼厂生产的铜由冶金部从沈阳调往全国各地。一街之隔的两个厂，只能按指令性计划执行，不能相互购销，造成了资源和时间的极大浪费。

导致这种局面的原因是多方面的。当时中国参照苏联实行计划经济体制，轻工业发展相对滞后，物资不丰富。加上“文革”期间“四人帮”散布了许多错误观念，把市场交易当成资本主义的专属等。

1978 年十一届三中全会召开以后，这种状况逐步得到改变，人们的观念开始发生巨大的变化。1979 年 11 月 26 日，邓小平在会见美国和加拿大客人时，就睿智地提出：说市场经济只存在于资本主义社会，只有资本主义的市场经济，这肯定是不正确的。

这一思想的提出，闪耀着时代的光芒，指引着中国经济体制改革的方向。市场的闸门一旦打开，就一石激起千层浪，很多青年从各个岗位投奔到了市场经济的汪洋大海当中，掀起的浪花方兴未艾。

在测试市场经济水温的吃螃蟹者中，涌现出了中国第一个个体工商户——浙江温州的章华妹，1980 年 12 月 11 日就领到了中国第一份个体工商业营业执照：工商证字第 10101 号。以经营“傻子瓜子”出名的民营企业家年广久，1982 年时雇工就达 103 人，因邓小平三次在重要场合的讲话中均提到安徽的“傻子瓜子”，使“傻子瓜子”名扬全国。1986 年，张瑞敏在青岛电冰箱厂（后改名为海尔电器）仓库的广场上，当众砸掉了 76 台不合格的电冰箱，确定了企业的名牌发展战略。

在这种大背景之下，地处湘中腹地、人均自然经济资源有限的邵东县，抓住时机，从 1980 年创办湖南省第一家民营企业——

邵东流泽铝制品厂开始，到90年代中期成为湖南省首个民营经济改革与发展实验区，是全国民营经济最早的活跃地区之一。

1992年，邓小平在南方谈话中，针对计划与市场的问题，进一步明确指出："计划多一点还是市场多一点，不是社会主义与资本主义的本质区别。计划经济不等于社会主义，资本主义也有计划；市场经济不等于资本主义，社会主义也有市场。计划和市场都是经济手段。"这位年近九旬的世纪老人，清晰地阐述了社会主义可以搞市场经济的思想。在这年10月召开的党的十四大上，把建立社会主义市场经济体制，确立为中国经济体制改革的目标模式。这是社会主义发展史上前所未有的创举，是伟大创造，给中国经济发展注入了强劲动力。我国生产力快速提升，物资日益丰富，1993年前后票证制度也退出历史舞台，中国经济迎来了持续快速发展的新春天。

在新时代的今天，中国社会主义市场经济的发展已经欣欣向荣，显示出了旺盛的生机和活力。随着全面深化改革的推进，社会主义市场经济体制也日益健全完善，彰显出了巨大的制度优势。社会主义市场经济体制的创立是思想解放和创新创造的结果，启示着我们广大青年要勇于突破陈规，大胆地进行创新创造，及时当勉力，奋发写青春。

高路入云端

青藏高原是神奇的，也是神秘的。多少人为它魂牵梦绕，神驰向往。这个由印度洋板块和亚欧板块碰撞而成的世界“第三极”，也是中华民族的源头地之一和中华文明的发祥地之一。高海拔、温度低、辐射强，极端恶劣的自然环境，时刻考验着敢于涉足这里的生命。一首红遍大江南北的《天路》，使青藏铁路家喻户晓。连通西宁和拉萨的青藏铁路，宛如一条天路，蜿蜒在世界屋脊的青藏高原上。

究竟是一种什么样的精神和力量，使建设者们经受住了高寒、冻土、少氧、干燥、大风等世界铁路史上最具挑战性的各种考验，造就了人类铁路史上的伟大奇迹？

建设青藏铁路承载着几代中国人梦寐以求的愿望。1919 年，孙中山先生在《建国方略》中，第一次提出修建“拉萨兰州线”即青藏铁路的设想。

当时《纽约先驱报》的记者端纳听到这个设想后说：“那个地方连牦牛都上不去，怎么可能架设铁路呢？”100 年前，在西藏修铁路仅仅是一位先行者的设想。新中国成立后，“铁路进藏”的梦想付诸行动。20 世纪 50 年代，新中国第一代领导人决定把铁路修到拉萨。从此，拉开了青藏铁路建设的序幕。1984 年，青藏铁路的西宁到格尔木段建成通车。但由于当时国家经济实力尚弱，技术等条件不达标，从格尔木到拉萨段暂停修建。1999 年，党中央国务院提出和实施西部大开发战略，实现各民族共同发展。2000 年 11 月，党中央作出建设青藏铁路第二期工程格尔木到拉萨段的重大决策。

2001 年 6 月，10 多万建设者在平均海拔超过 4000 米的雪域高原上，横跨楚玛尔河、翻过昆仑北麓、飞跃唐古拉山、进军藏北之地，开始了在世界铁路建设史上从未有过的复杂地质、恶劣环境中的殊死搏斗。

“一天见四季，一里不同天”，这是青藏高原的真实写照。在海拔 4600 多米的世界最长冻土隧道——昆仑山隧道施工阶段，每个施工人员都背着 5 公斤重的氧气瓶，边吸氧边工作。

在青藏铁路建设中，最困难的一段就是位于海拔 4700 多米的安多县和海拔 5200 多米的唐古拉山之间的“无人区”，全长 130 多公里，属于全线平均海拔最高的地段。因为线路远离公路，勘测地段遍布沼泽，车辆无法进入，只能依靠人力。在这一段铁路的建设大军中，活跃着一支被称为“红色娘子军”的队伍。这是一支由 26 名女工组成的轨排生产队伍。

由于工作强度大、时间长、气候条件恶劣，她们中有的昏倒在作业线上，有的因高原反应摔倒磕断了牙齿。但她们凭借着超凡的意志力与战斗力，圆满完成了轨道铺设任务，创下日生产轨排 3.425 公里的全国最高纪录；创造了日铺轨 8.1 公里的铺轨纪录，至今无人超越，书写了一段中国铁路建设史的当代传奇！

经过 5 年的奋力拼搏，建设者们破解了多年冻土、生态脆弱、高寒缺氧等三大世界性工程技术难题。2006 年 7 月 1 日，全长 1956 公里的青藏铁路实现全线通车，创造了多项世界铁路之最。承载着中华民族“百年梦想”的青藏铁路，见证了新中国成立以来青藏高原的沧桑巨变，带动了青藏两省区经济社会的快速发展。在跨越半个世纪的筹备和建设的峥嵘岁月里，中国铁路人铸就了“挑战极限，勇创一流”的青藏铁路精神，谱写了一首首气吞山河的钢铁进行曲，造就了世界最高海拔修建铁路的伟大奇迹。青藏铁路如同一座无字丰碑，在辽阔的高原镌刻下中国共产党人致力于国家富强、民族团结、人民幸福的不懈追求。

今天，火车的汽笛声已经在世界屋脊上的壮美雪川间不断回响。无数藏族人民通过铁路走向世界，亿万中华儿女通过铁路来到西藏、了解西藏。我们当代青年誓将铭记青藏铁路精神，坚定前行，积极投身于实现中华民族伟大复兴的时代洪流中。

高峡出平湖

矗立在长江上的三峡大坝，是一个设想了100年，勘测了40年，持续建设了26年的世纪项目，是当今世界上规模最宏大、技术难度最高、综合效益显著的卓越水利水电工程。

它可以抵御百年一遇的特大洪水，它每年生产近1000亿千瓦时的清洁能源，它可以使万吨级船队溯江而上直达重庆。这座大坝，犹如一座历史的丰碑，铭刻着中国人近百年来治理开发保护长江的梦想，见证着中华民族日益走向繁荣强盛的征程。

从100年前的一个设想，到今天成为世界上最大的水利水电工程，三峡工程见证了中国共产党坚持以人民为中心，创造人类治水、兴水伟业的世界奇迹。

人类文明，离不开大江大河的哺育。长江，中华民族的母亲河，曾经也是一条洪水灾难频发的河流。早在1个多世纪以前，民主革命先行者孙中山先生就提出了建设三峡水闸、开发长江水电的设想。新中国成立后，建设三峡工程开始纳入国家战略。1953年初，毛泽东主席在讨论长江防洪时，指着地图上的三峡说：“为什么不在这个总口子上卡起来，毕其功于一役？”时过3年，他又描绘了“更立西江石壁，截断巫山云雨，高峡出平湖”的宏伟蓝图。

改革开放后，得益于国力增强，三峡工程逐渐有了从梦想变为现实的可能。但由于涉及技术难题、巨额投资、生态环境保护等诸多问题，三峡工程论证内容之多、论证之全面，世所罕见。

1986年，当时的水电部组织了412位专家，分成14个专题组，经过2年8个月的科学民主论证，于1989年3月形成了《长江三峡水利枢纽可行性研究报告》。这次论证为中央民主决策提供了科学的依据。1992年4月3日，第七届全国人大五次会议召开，表决通过了《关于兴建长江三峡工程的决议》。1994年12月14日，三峡工程举行开工典礼，标志着工程建设正式启动。1997年，成功实现大江截流。大江截流后，围堰内的水被抽干，进行大坝混凝土的浇筑。

三峡大坝需要浇筑1600多万立方米的混凝土，沿用传统工艺，需要浇筑20年！但在三峡大坝工程人员的不懈努力下，创造性地组合了以塔带机为主的混凝土浇筑系统，为大坝浇筑带来了一场工艺革新，使混凝土能连续均匀地浇筑在大坝上，高峰期更是创下日均浇筑2万立方米混凝土的世界纪录。

2006年5月20日，主体工程——三峡大坝建成。

从1994年开工建设，到2020年完成整体竣工验收，三峡工程走过了漫长而艰辛、伟大而壮阔的建设历程，建设者们将世界先进的科学技术与自主创新相结合，摸索了一套科学的施工工艺和管理制度，解决了一系列技术难题，创造了100多项世界之最，以对国家和历史高度负责的精神，谱写了世界大坝工程史上新的纪录，创造了建筑史上的奇迹。

2018年习近平总书记视察三峡工程时指出，三峡工程“成为改革开放以来我国发展的重要标志。这是我国社会主义制度能够集中力量办大事优越性的典范，是中国人民富于智慧和创造性的典范，是中华民族日益走向繁荣强盛的典范”。

梦漾大江畔，高峡出平湖。

三峡工程承载着中华民族的百年梦想，见证了国运的兴盛，彰显了中国共产党几代领导集体和中国人民的矢志奋斗。由此形成的“科学民主，团结协作，精益求精，自强不息”的三峡精神，激励我们青年要将个人的奋斗与时代的进程紧密相连，如三峡大坝一般坚定地屹立在时代洪流之上，成为时代的中流砥柱。

铁榔头打出世界冠军

2019年10月1日上午，庆祝中华人民共和国成立70周年大会在北京天安门广场隆重举行，中国女排总教练郎平带着中国女排16名队员登上“祖国万岁”国庆庆祝花车接受检阅，她们在不久前结束的女排世界杯中，敢打敢拼，连克强敌，以11战全胜的成绩，实现了冠军的卫冕。

在新中国成立70周年之际，这支感动中国近40年的运动队，为祖国献上了一份厚礼。

习近平总书记在会见中国女排代表时说：“广大人民群众对中国女排的喜爱，不仅是因为你们夺得了冠军，更重要的是你们在赛场上展现了祖国至上、团结协作、顽强拼搏、永不言败的精神面貌。”

女排精神，是对时代的呼应和作答。其实，早在1984年国庆35周年阅兵仪式上，中国女排就曾作为体育界的代表，在体育方队里接受了检阅。时光荏苒，中国几代女排人历经浮沉却始终不屈不挠、不断拼搏，激发了全国人民的爱国热情和民族自豪感，增强了亿万国人的凝聚力、向心力、自信心。

改革开放初期，中国社会正面临沧桑巨变，亟须在破冰前行之中凝聚起人民勠力同心、开拓进取的价值共识。

1981 年，中国女排首夺世界冠军，女排精神敲响了“团结起来，振兴中华”的战鼓，为刚刚走出困境的中国人注入了坚定的奋斗勇气和赤诚的爱国热情。

女排精神成为促进中华民族崛起的动力，促使着国人发奋图强、锐意进取，亦喊出了为中华崛起而拼搏的时代最强音！

正因为中国女排的奋斗史嵌入到中华民族伟大复兴的征程之中，其所传递的力量才可以如此砥砺人心、催人奋进。

然而精神不是从天上掉下来的，不是从嘴里喊出来的，而是在日复一日的训练比赛中拼搏出来的，历练出来的，凝聚出来的！

湖南省郴州市苏仙岭，曾是女排队员传说中的魔鬼训练场。

苏仙岭的海拔并不高，但上、下石阶加起来有 3600 级。

教练要求所有的队员必须在 22 分钟之内跑上去，只要有一个人超过 1 秒钟，全队需要一起重跑。

这一“魔鬼训练”使姑娘们的身体和精神几近崩溃。

但是每一个姑娘都告诉自己：中国女排流血不流泪，掉皮不掉队，一定要坚持、坚持、再坚持！

2019 年女排世界杯首场比赛前，郎平接受采访。

记者问：“这次比赛的目标是什么？”

郎平回答：“升国旗、奏国歌。”

郎平的回答初听很“简单”——就是升国旗、奏国歌。但是这其中蕴含的“祖国至上”的爱国之心，激励着中国女排一回回倒地却又一次次跃起。

已经成为新中国体育名片的中国女排，回望她们走过的路，也并非都是鲜花和掌声。中国女排也曾输过比赛，也曾数度丢过冠军，还曾经历过漫长低谷，但女排精神始终是每一届队员的共同信仰。

主教练郎平说：在实现自己梦想的过程中，会遇到很多困难，应发扬永不放弃的精神去战胜它！人生不是一定会赢，而是要努力去赢！

榜样的作用是引领，精神的力量是无穷的。

我们每一位新时代的青年都应该像女排姑娘那样，不论做什么事情，都应该发挥出中国女排“一分一分咬牙顶，一球一球顽强拼”的精神，夯实攻坚克难的底气，坚定砥砺前行的步伐，在复兴征程中，实现个人的价值和理想！

“复兴号”牵引中国速度

2017 年 6 月 26 日上午 11 时 5 分，银白色车身搭配一抹中国红的两列“复兴号”动车从北京南站和上海虹桥站双向首发，分别担当起 G123 次和 G124 次高速列车值乘任务。从此，中国高铁进入“中国标准动车组时代”。

从蒸汽机车到内燃机车再到电力机车，从普速列车到和谐号再到复兴号，中国铁路实现了从“追赶者”到“领跑者”的巨大跨越。复兴号的成功研制生产，标志着我国铁路成套技术装备特别是高速动车组已经走在世界前列，“纯中国血统”的复兴号动车组已成为中国对外展示的闪亮名片。

“复兴号”高速列车，全称“复兴号中国标准动车组”，建立在“和谐号”CRH380 型动车组技术平台之上，试验时速可达 400 公里及以上，为我国第三代高速列车。中国标准动车组被命名为“复兴号”，寓意着其将承载着中华民族伟大复兴的中国梦奔向未来。

350 公里的时速，车外撼天震地，车内平稳安静。其实，当年的 CRH380A 型动车组噪音已经较小，优于很多发达国家的高速动车组，哪怕降低 1 分贝，也是世界性难题。但是，中车四方公司梁建英团队定下更高目标，在“和谐号”基础上再降低 3 分贝以上。随后，她和团队进行了长达 1 年多的试验，仅对不同材料和结构进行隔音试验就做了 3000 多次。当“复兴号”问世时，整车阻力降低 12 %，噪音降低 4 ～ 6 分贝，平稳性指标达到优级。这位 23 岁成为中车四方公司铁路列车设计师，34 岁便担任主任设计师的建设者，经常说的一句话就是：高速列车是试验出来的。

2015 年 6 月，“复兴号”样车下线后，开始进行线路试验，梁建英带领团队进行跟车试验，每天的休息时间不超过 4 个小时。最热时，车厢内温度高达四五十摄氏度；最冷时，试验现场温度低到零下 20 多摄氏度。同时，还要在高达 12 级风的特殊环境下，验证列车是否会出现倾斜，并体验车辆的舒适度。

整整一年半的时间，研发团队一共做了 2300 多项线路试验，跟车试验里程超过 61 万公里，相当于绕着赤道跑了 15 圈。经过许许多多如同梁建英一样的建设者的共同努力，“复兴号”高速列车从 2012 年开始研发，到 2014 年完成方案设计，2015 年下线，2017 年正式亮相，用短短 6 年时间，走完了其他国家需要 30 年才能走完的路。

“复兴号”动车组最受关注的就是，采用了中国国家标准、行业标准、中国铁路总公司企业标准等技术标准。“复兴号”动车组采用的 254 项重要标准中，中国标准占到 84 %。

从世界标准的跟随者，到世界标准的制定者，中国铁路人怀着中国民族伟大复兴使命，不畏艰险，敢于挑战，勇于创新，在铁路行业中实现了新技术革命，成为世界先进技术的领先者，让中国标准成了世界标准。

2021 年，习近平总书记乘坐京张高铁赴张家口考察时指出：“我国自主创新的一个成功范例就是高铁，从无到有，从引进、消化、吸收再创新到自主创新，现在已经领跑世界。”

如今，中车四方公司生产制造的“复兴号”高速列车已名扬四海。在这里，每四天就有三列“复兴号”高速列车下线，开往祖国四面八方，奔驰在祖国复兴之路上。在交通强国的时代召唤下，梁建英团队又开始了新的征程，正朝着时速 600 公里的高速磁浮列车进发。

今天，中国发展正站在“两个一百年”的历史交汇点上，当代中国青年应当进一步焕发青春的热情，发扬“科学求实、相容并蓄，自主创新、赶超一流，忠诚祖国、拼搏奉献”的中国高铁精神，积极投身于新时代的社会主义现代化建设事业之中，让自己的青春力量在祖国发展中闪烁出青春的光彩！

融入“地球村”

从20世纪60年代开始，“地球村”的概念日益形成。而处理“地球村”事务的，就是联合国和世界贸易组织（WTO）等各种国际组织。

改革开放后不久，中国就把恢复关税与贸易总协定缔约国席位（GATT，世界贸易组织的前身），作为融入“地球村”的重要选择。

主席槌、签字笔、议定书这三样文物，是中国加入世界贸易组织的历史见证，也是中国与世界激荡、碰撞、融合的历史见证，它们静静地躺在国家博物馆已有20多年，但是它们所见证的中国艰辛“入世”谈判的历程，仿佛就发生在昨天。

2001年，卡塔尔首都多哈，当地时间11月10日18时34分，这是一个历史性的时刻。

世界贸易组织第四届部长级会议审议通过了中国加入世界贸易组织的决定。中国成为世界贸易组织第143个成员。加入世界贸易组织，是中国融入世界的关键一步，也是世界搭乘中国快车的重要契机。

中国从恢复 GATT 到加入 WTO，总体上经过两个阶段。

从 1986 年到 1992 年是第一阶段，主要是对中国贸易体制进行审议。

1986 年 7 月 11 日，中国正式照会 GATT 秘书长邓克尔，要求恢复中国在 GATT 的缔约国地位，简称“复关”。

到 1992 年 2 月，GATT 中国工作组共举行 10 次会议，对中国的外贸体制、关税和非关税措施等进行审议。

从 1992 年到 2001 年是第二阶段，谈判过程主要围绕市场准入问题展开，主要围绕开放市场的速度、范围、条件等进行。

1992 年 10 月，GATT 中国工作组第 11 次会议开始讨论中国复关议定书的框架，正式进入关键性的第二阶段。

经过艰难谈判，1994 年 4 月，中国签署了乌拉圭回合谈判最后文件和关于建立世界贸易组织的协议。

1995 年 1 月 1 日，WTO 正式成立，经过一年的过渡期后完全取代 GATT；7 月 11 日，WTO 破例接纳中国为该组织的观察员；11 月，中国“复关”工作组更名为“入世”工作组，中国“复关”谈判变成“入世”谈判。

在当时 WTO 的 130 多个成员组织的谈判中，1997 年 8 月，中国就与新西兰达成协议，新西兰成为第一个同中国签订双边协议的国家。

最艰难的是中美之间的双边谈判，在长达 15 年的中美谈判中，美国总是向中国提出苛刻条件，中国政府则本着“有利、有理、有节”的方针，与美方展开谈判。

中美之间的谈判，前后多达 25 轮。中美最后一次谈判是在

1999年11月进行的。11月10日，美国代表团抵达中国，双方的“艰苦”谈判开始。11月14日，双方谈判基本上破裂。14日凌晨，美方代表突然中断磋商离场，并准备奔赴机场回美国。当晚，时任国务院总理的朱镕基打电话给中方首席谈判代表龙永图，要他与美方取得联系。

11月15日，龙永图与美方开始了“工作会谈”。在最后的七个问题上，美方要求中方必须全部接受，否则，前面谈的所有协议都不作数。上午10点多钟，朱镕基总理来到了谈判第一线，对美方抛出的前三个问题，朱镕基都表示同意，同时要求美方在后面的四个问题上必须让步。五分钟后，美方同意与中方达成入世谈判协议。

中美两国政府达成双边协议后，为中国加入世贸组织扫清了最大障碍。此后，中国的“入世”谈判就非常顺利。2001年9月13日，中国和墨西哥达成双边协议。至此，中国完成了与所有WTO成员的双边市场准入谈判。

2001年11月10日，在卡塔尔首都多哈举行的WTO第四届部长级会议通过了中国加入WTO的法律文件，标志着经过15年的艰苦努力，中国终于成为WTO第143个成员。

时任总理的朱镕基曾感慨地说：“我们已经谈了15年……黑发人谈成了白发人。”

加入WTO之后的20多年来，中国日益融入“地球村”。始终坚持权利与义务相对等，在实现自身发展的同时促进世界共同发展。在2010年就履行完了加入WTO的全部承诺，也为世界经济发展作出了巨大的贡献，20年间的年均贡献率接近30%。在

2020 年，中国还是全球主要经济体中唯一实现正增长的国家，是拉动世界经济增长最重要的引擎。

入世 20 多年来中国的发展证明，世界的发展离不开中国，中国也离不开世界。在世界经济舞台上，中国取得的成就举世瞩目，发挥的引领作用也越来越大。

作为当代青年，我们只有增强敢为人先的开放精神和开拓精神，在时代大潮中找准定位、奋发有为，将来才能在世界舞台上大显身手。

打铁还需自身硬

随着国家经济的不断发展，在现代文明追求和建设上，廉洁是社会进步的标志，也是社会秩序稳定的保障，更是新时代中国特色社会主义文明建设的重要内容。

廉洁是对人的行为及道德修养的极高要求，也是党员干部为官做人的基本品质，更是共产党员的生命线。

思想是行动的指南，抓好廉洁思想建设是实现“不想腐”的根本途径和有效方法。位于长沙市委党校三号学员楼的长沙市廉政警示教育基地，是全省20来个廉政警示教育基地的一个缩影，也是全国进行廉政警示教育的一个缩影。

习近平总书记在党的十八大上提出“打铁还需自身硬”以来，随着“全面从严治党”战略的推进，每年有无数的党员干部走进廉政警示教育基地，接受廉政警示教育，剔除思想上的尘埃，加强党性修养，强化信仰信念，以新的精神面貌投入到各自岗位的工作。

中国自古以来就有“其身正，不令而行；其身不正，虽令不从”“上梁不正下梁歪”“身先士卒”“率先垂范”等众多的古训。在领导中国革命和建设过程中，毛泽东同志多次强调，共产党员和各级党组织要做表率和示范，发挥好先锋模范作用，并严格要求子女和身边的工作人员不搞特殊化。

进入新时代后，习近平总书记也多次强调要“一级做给一级看，一级带着一级干”，号召广大党员干部拧紧思想“总开关”，补足理想信念精神之“钙”，“清清白白做人，干干净净做事”，谆谆教诲党员干部要始终做到“心中有党、心中有民、心中有责、心中有戒”等，为全面推进从严治党筑牢思想上的“防波堤”。

自2012年党的十八大召开以来，以习近平同志为核心的党中央，顺应党心、军心、民心，在推进全面从严治党新的实践中，以非凡的理论勇气、大无畏的担当精神，围绕从严管党治党，出台了“八项规定”，修订并颁布了《中国共产党廉洁自律准则》和《中国共产党纪律处分条例》等党纪党规，将政治纪律和政治规矩“挺”在前面。

坚决反对腐败、建设廉洁政治，是共产党一贯坚持的鲜明政治立场，也是人民关注的重大政治问题。围绕“党要管党、从严治党”提出了要“以刮骨疗毒、壮士断腕的勇气，坚决把党风廉政建设和反腐败斗争进行到底”等一系列新思想，采取了“打虎”“拍蝇”“追逃”“猎狐”等一系列加强党风廉政建设的新举措，坚持把思想建党和制度治党相结合，严格正风肃纪；坚持不断开展党的群众路线教育实践活动、“三严三实”专题教育、“不忘初心，牢记使命”主题教育、党史学习教育等，全面提高党的领导水平和执政能力，提升新时代党的建设科学化水平。

中国共产党有很多品格，其中最鲜明的一个品格就是勇于自我革命，从严管党治党。在革命、建设、改革各个时期，我们党一次次拿起“手术刀”革除自身病症，一次次依靠自身力量和与群众相结合的力量解决自身问题，攻克了一个又一个看似不可攻克的难关，创造了一个又一个彪炳史册的人间奇迹。

十八大以来，党中央以最强决心、最大力度、最严态势，坚持零容忍重拳反腐，坚决查处了周永康、薄熙来、徐才厚、郭伯雄、令计划等严重违纪违法案件。据统计，2012年12月至2021年5月，在党中央坚强领导下，以大气力拔“烂树”、治“病树”、正“歪树”的高压态势，共立案审查调查省部级以上的领导干部392人、厅局级干部2.2万人、县处级干部17余万人、乡科级干部61.6万人，查处落实八项规定精神不力问题、“四风”问题62.65万起，营造了清正廉洁的社会风气。

全面从严治党是对党的机体的自我净化、自我检查，是对极少数党员和党组织进行“刮骨疗毒”式的治理行动，保持了党的纯洁性和先进性，使党以全新的面貌投入到第二个百年奋斗目标的征途。

当代青年理当传承和发扬党的优良传统，学习毛泽东、周恩来、任弼时等老一辈革命家的优良作风，以“打铁必须自身硬”的强烈意识，强化好自身的理想信念，学习好现代科学知识，锤炼好建设本领，自觉发挥先锋模范作用，为实现中华民族伟大复兴和建成社会主义现代化强国，奉献自己的聪明才智。

十八洞村

地处武陵山腹地的花垣县十八洞村，因村旁山中有十八个天然溶洞而得名。

千百年来，这个苗族聚居的偏僻山寨，因群山阻隔、交通滞碍，老百姓困羁于此，生活十分艰难。

2013 年 11 月 3 日，是十八洞村村民永生难忘的日子，也是新中国扶贫史上、中华民族减贫史上具有里程碑意义的日子。

这一天下午，习近平总书记跋山涉水来到这里访贫问苦，在村民家里揭米缸、摸铺盖、看猪栏，与村民围坐在一起拉家常、聊发展。

时任十八洞村党支部第一书记的施金通回忆说，那天，总书记就是在这个广场与我们亲切座谈，提了十六个字的要求：实事求是、因地制宜、分类指导、精准扶贫。在这次座谈中，习近平总书记首次提出“精准扶贫”重要思想。他强调，要建档立卡摸清每户致贫原因，不能“手榴弹炸跳蚤”。他要求，扶持谁、谁来扶、怎么扶、如何退，全过程都要精准，有的需要下一番“绣花”

功夫。就这样，“精准扶贫”的战略构想，在十八洞村莽莽苍苍的青山间诞生了。

思想是行动的先导，理论是实践的指南。

从此，十八洞村脱贫致富按下了快捷键。

作为“精准扶贫”重要思想的首倡之地，十八洞村按照习近平总书记的重要指示精神，让“精准”二字在这里落地生根。

按照习近平总书记“把种什么、养什么、从哪里增收想明白”的指示，因地制宜发展当家产业，形成了乡村游、黄桃、猕猴桃、苗绣、山泉水、中药材种植等“旅游+”产业体系。

施林娇是十八洞村民心中的“宝藏女孩”，2019年从浙江音乐学院毕业后，便在外省找到了一份稳定工作。2020年初，24岁的她辞职返乡创业，与另外两位返乡大学毕业生一起在村里拍视频、做直播，在拥有10多万粉丝的“湘西十八洞娇娇”抖音号上，把村里的美景、美食、民俗文化“卖”得风生水起。

在十八洞村，还有一位年轻的“名人”龙先兰，2013年以前，在村民的眼中，他还是一个扶不起的懒汉、酒鬼，经过精准帮扶和个人努力，现已成为十八洞村的“养蜂大王”。2017年，30岁的龙先兰结婚了，不仅脱贫还“脱单”，事业红火，家庭幸福。

七年多来，十八洞村因地、因户、因人、因事、因时制宜，把利用外力与激发内力结合起来，把个人致富与集体致富结合起来，走上了脱贫致富的快车道，打工的村民回来了，贫穷的帽子甩掉了，发展的势头强劲了，为美好生活奋斗的精气神提起来了。

2013 年，十八洞村人均纯收入 1668 元，2019 年已跃升至 14668 元，村集体经济收入也由极度匮乏增长到 126.4 万元。

如今，作为中国脱贫攻坚的“地标”，十八洞村早已名扬海外。

2017 年 2 月，十八洞村实现脱贫摘帽。

2018 年，老挝国家主席本扬也来到这里“取经”，这里成了全国“精准扶贫”的样板村。

一道思想的闪电，照亮了人民心田；一曲大地的颂歌，磅礴了万水千山。

在党的十八大召开不久，以习近平总书记为核心的党中央就突出强调“小康不小康，关键看老乡，关键在贫困的老乡能不能脱贫”，承诺“决不能落下一个贫困地区、一个贫困群众”。

作为一名新时代的青年，我深深感受到，“脱贫攻坚”和“精准扶贫”的理论原点，就是最为朴实的四个字——为了人民。

“精准扶贫”这四个大字，不仅为十八洞村摆脱贫困指明了方向，也拉开了新时代脱贫攻坚的大幕。

十八洞村这个曾经藏在深山人未知的湘西小山村，早已不是那个地理意义上的小山村，而是具有重要政治意义、历史意义、时代意义和世界意义的“起点”“地标”和“符号”。

“精准扶贫”从这里走向长城内外，走向东西半球，走向人类历史发展的史册。

把失去的青春夺回来

在中国，每年的高考，都是全民关注的焦点。对于十二年磨一剑的考生们而言，这是人生中的一次重要挑战，他们都期盼着能交上一份满意的答卷。

对于中国而言，40 多年前恢复的高考，不仅是许多中国人的命运转折点，更是国家与时代的一个拐点。

不拘一格选人才，打破藩篱活力来。1977 年 10 月 21 日，《人民日报》刊发题为《高等学校招生进行重大改革》的消息，标志着中断 10 年的高考制度正式恢复。

40 多年来，有超过两亿人参加高考，这个庞大的数字后面是一段段被改写的人生。高考，它和每一个曾经年轻的你我有关。

作为教育战线拨乱反正的第一项成果，高考制度的恢复连同一系列改革措施，为无数年轻人改变命运、实现价值提供了新的希望。

无数青年在田间地头、在工厂车间、在牧场矿山重拾书本，他们白天工作，晚上学习，努力把落下的知识弥补上，把失去的青春夺回来。

知识改变命运，成为那一代青年共同的心声。

1977 年 11 月的那次高考，是新中国成立以来，唯一一次在冬天举行的高考，也是竞争最激烈的一届高考。570 万名不同年龄、不同身份的考生参考，最终仅录取 27.3 万人。

这个冬天，不仅是这些“追梦人”个体命运的转折点，也是一个国家和民族前途命运的拐点。

1977 年，正在岳阳县毛田区云山公社桑场插队的知青唐湘岳，听到广播中传来恢复高考的消息欣喜万分，他重新拿起书本复习备考，最终顺利考入湘潭大学中文系，开启了他学习知识、实现梦想的新征程。

1982 年，唐湘岳毕业后分配到湖南日报社，成为一名记者，之后调入光明日报社。30 多年记者生涯，他用 2000 多篇稿件记录了改革开放的沧桑巨变，多次站上了新闻行业最高领奖台。

回忆起高考，他说：“那是我人生中最重要的一次转折。听到恢复高考的消息，我激动得热泪盈眶。恢复高考对我们个人而言，意味着改变命运，恢复高考比高考本身更有意义。”

1977 年的招生文件还有一项特别规定：对实践经验比较丰富并钻研有成绩或确有专长的，年龄可以放宽到 30 岁，婚否不限。大龄知识青年有了“政策绿灯”，当时的大学课堂上生源复杂、年龄差距大的情况也就十分常见。

1977 年 12 月 17 日，已经 30 岁的湘潭人陈政清，从下放的岳阳钱粮湖农场的总场中学走进了高考的考场。不久他就收到了湖南大学的录取通知书，成为湖大力学专业年纪最大的学生，也从此开启了与湖南大学 40 多年的密切联系。

2018 年回首这一往事时，早已当选中国工程院院士的陈政清说：“我的高考迟到了 11 年。”目前他还担任湖南大学风工程试验研究中心主任，继续在为国家科技发展贡献智慧和力量。

高考制度的恢复，重新开启了人才培养与输送的通道，促进了我国高等教育事业的发展，为祖国的经济发展提供了源源不断的人才资源。无数青年学子通过高考步入大学，汲取知识，毕业后成为各行各业的骨干中坚。

在一代代教育工作者的潜心栽培下，在一代代青年的赓续奋斗中，我国逐步从人口大国向人才强国转变，创造了举世瞩目的“中国速度”，为世界贡献了“中国智慧”。

从恢复高考这一具有里程碑意义的事件中，我们能看到一个民族依靠教育开创未来的信念、一个国家深化改革增进人民获得感的决心。

一路改革，初心不变。

1999 年，全国大学开始扩大招生，引发了“大学新生潮”，教育部开始推行“3+X”科目考试方案，中国高等教育由“精英教育”开始走向“大众化教育”。

2006 年，全国高考录取比例提升至 57%。根据教育部公布的数据，2007 年，恢复高考 30 周年之际，全国计划招生的人数为 567 万，与 30 年前参加高考的人数——570 万相差不大。

高考，于不经意间走了一个轮回。2021 年实行的新高考，打破了传统的文理分科模式，赋予了学生们灵活选择的权利。

岁月铭刻奋斗艰辛，时代印证铿锵脚步。中国高等教育，走过了波澜壮阔的改革发展历程，发生了深层次、根本性变化，取得了全方位、开创性成就。

站在实现“两个一百年”奋斗目标历史交汇点上，我们有信心也有理由期待，高考制度将继续为实现“两个一百年”奋斗目标、实现中华民族伟大复兴中国梦，提供源源不断的人才支撑！

敢教日月换新天

在太行山东麓，沿着赤赭色的峭壁一路前行时，始终相伴的是一条蜿蜒流淌的碧水。这条被称为“世界奇迹”的水渠仿佛是一条绿色的丝带，缠绕在太行山的山腰之间。站在渠埂之上，抬头是陡立千仞的悬崖，俯首是深达百米的峡谷。

渠水悬在半空，静静流淌。

在20世纪60年代，30万中国人耗时10年，在没有现代施工工具和机械的情况下，依靠人工在悬崖峭壁上开凿出了一条长70.6公里的水渠，这一人类壮举震惊中外。

这条水渠就是红旗渠，被世人称之为“人工天河”。

缺水是千百年来河南省林县(现为林州市)最深、最痛的记忆。大旱、连旱、久旱，是烙印在林县人骨子里的痛。对水的渴望有多迫切，林县对开渠的愿望就有多强烈。

“宁愿苦干、绝不苦熬”，多方考察后，县委决定从山西平顺县引漳河水入林县。

1960年2月11日，“引漳入林”工程正式开工建设，3.7万林县群众开赴建设工地。县委统一协调前方和后方。前方总指挥部将群众编为113个营、320个连。整个工程又分为上、中、下三个协作区，层层加强领导。群众自带口粮、自建营房、自搭炉灶。广大党员干部身先士卒，在工地与民工同吃、同住、同劳动。工地是前方战场，机关、厂矿、农村就是后方阵地，前方开山劈岭，后方全力支援，成为红旗渠建设的坚强后盾。

开工第一天，如今已80多岁的李改云就带领村里的姐妹们组建了刘胡兰突击队。

1960年3月，在红旗渠首拦河坝工程现场，95米的坝体只剩下10米宽的龙口尚未合龙，河水奔腾咆哮，喷涌而出。500多名共产党员、共青团员跳进冰雪未消、寒气逼人的激流中，排起3道人墙，手挽手，高唱《团结就是力量》，最终拦住了汹涌的河水。

李改云回忆说，在当年的建设工地上，党员、干部的任务只能超额，工作量比群众的大，口粮标准比群众的低，党员、干部带头了，群众自然就跟着干。

“有条件要干，没有条件创造条件也要干！”

修渠大军就是凭着一锤一钎一双手干出了令人惊叹的壮举——削平山头1250座、开凿隧洞211个、挖砌土石达2225万立方米。

红旗渠修建历时10年，林县50万人，有30万人参加了修渠工程。他们以“敢教日月换新天”的信念，用不向大自然低头的意志顽强奋斗，把一个个不可能变成可能，将“愚公移山”的寓言故事变成近在眼前的现实。

1965年，70.6公里长的红旗渠总干渠全线贯通。1969年7月6日，全长1500公里的红旗渠工程全面竣工通水。建成后，林县410个村受益，彻底改变了干旱缺水的面貌。

张运仁是几十万建设大军的典型代表，他是第一批上建设工地的施工排长。1960年5月13日，他在检查未爆炸药过程中，为掩护群众，不幸牺牲，年仅38岁，成为红旗渠建设过程中牺牲的81位烈士之一。

张运仁牺牲后，儿子张买江接过父亲的铁锤上了工地，成为“渠二代”。红旗渠修了10年，张买江干了9年，最宝贵的青春都是在修渠中度过的。退休后，他又到红旗渠干部学院当起了“编外教师”，向来自全国各地的学员讲述红旗渠的故事。

现在，张买江的儿子张学义接过他的班，在合涧渠管所工作，成为“渠三代”。张学义说：“父亲一直嘱托我，他修好渠了，必须让我看好渠、护好渠、管好渠。”

当年的林县，现已更名为林州市。

被林州人民称为“生命渠”“幸福渠”的红旗渠开通至今，共引水125亿立方米，相当于1200多个杭州西湖的水量，使林州粮食亩产从不到200公斤增加到1000多公斤。

50年前，林州城区面积不足1.5平方公里，现已扩大至30平方公里。如今这里高楼林立、商业繁华，成为太行深处崛起的现代化新城。

红旗渠流水无言，奔腾不息，既是写满艰辛、悲壮和血泪的十年建设历程的真实记录和有力见证，又闪耀着与众不同的精神光芒。

在红旗渠建设过程中孕育形成的“自力更生，艰苦创业，团结协作，无私奉献”的红旗渠精神，已经成为我们宝贵的精神财富。历久弥新的红旗渠精神镌刻在每一块太行山石上，融入每一滴红旗渠水中。这种“精神密码”依然带给我们强烈的震撼和无穷的启迪，激励着我们将这样的时代精神传承发扬下去，继续书写新的时代画卷。

喜看稻菽千重浪

“我做过一个梦，梦见我那个水稻长得比高粱还高，穗子比扫帚还长，谷粒有花生那么大。我跟我的助手就坐在那个稻穗下乘凉……”这是“杂交水稻之父”袁隆平的“禾下乘凉梦”，老人的初心，就是通过超高的杂交水稻产量，让中国人远离饥饿。

随着杂交水稻大幅度增产的梦想成为现实，这位老人又孕育出一个新梦想——“杂交水稻覆盖全球梦”，把杂交水稻推广到全球稻作区，让世界人民都摆脱饥饿。

“喜看稻菽千重浪，最是风流袁隆平。”这句2004年度感动中国颁奖词，袁隆平实至名归。

2021年5月22日，这位在我们心中一直健朗矍铄的老人与世长辞，举国哀痛——因为这个91岁的老人，为了能让全世界人民吃饱饭，操了一辈子的心。

袁隆平毕生的精力，铸造了我国杂交水稻事业发展的“前生”。走进位于湖南省长沙市芙蓉区浏阳河东岸的隆平水稻博物馆，就是走进袁隆平一边是稻谷济世，一边是赤心为民的追梦人生。

1929年8月，袁隆平出生于北平（现北京）协和医院。童年和少年时期，他跟随父母从北到南辗转多地。1953年，24岁的袁隆平从西南农学院（现西南大学）毕业，他放弃了留在城市从事科研的机会，来到偏远的湖南安江农校任教。在这里，袁隆平工作了18年，潜心研究、用心育人，杂交水稻研究正是在此启航。

1961年7月的一天，袁隆平在安江农校实验田里发现一株形态特优水稻，籽粒饱满，在稻田里仿佛鹤立鸡群，经过仔细查数，这株水稻一穗竟达到230粒。袁隆平如获至宝，马上在第二年进行试种，发现这是一株天然杂交稻。这个发现，证明水稻存在杂种优势，为袁隆平日后从事水稻雄性不育试验带来启发。

简朴的书柜和桌椅，被使用多次的显微镜、干燥皿、玻璃试管等实验器具，袁隆平在安江农校的实验室场景的还原，为人们讲述了一段不平凡的岁月。

1964年和1965年的夏天，袁隆平冒着酷暑，在稻田里寻找天然雄性不育株，他在这个实验室仔细检查了几十万株稻穗后，共找到6株雄性不育株。

从此，袁隆平的杂交水稻研究按下了“快进键”。

博物馆展厅里陈列着一份珍贵的手稿，这是袁隆平撰写的第一篇论文——《水稻的雄性不孕性》。1966年2月，这篇论文刊发在中国科学院主办的《科学通报》上，引起国家科委的高度重视。

在有关部门的大力支持下，1974年，45岁的袁隆平培育出中国第一个强优势杂交组合“南优2号”，并在第二年制种成功。1976年起，杂交水稻在全国大面积推广，水稻产量大幅提高。

在时间的嘀嗒声中，袁隆平的“禾下乘凉梦”也步步成真：中国的杂交水稻，从原来的三系杂交稻、两系杂交稻，已发展到目前的超级杂交稻。

博物馆展厅有一面墙壁，既是展示108种超级稻示范推广品种的大型“种子墙”，也是近年来中国杂交水稻育种成果的生动写照。

杂交水稻不仅为中国粮食增产做出重要贡献，还走出国门、惠及世界。自1979年起，袁隆平等中国农业科学家多次奔赴海外，通过开设国际培训班、举办国际学术研讨会和国外试种等多种形式，将杂交水稻传播到世界各地。

博物馆里有个“杂交水稻世界”联动装置格外引人注目。通过这个装置，可以知道如今正在种植或研究杂交水稻的国家和地区，我们可以看到世界地图上40多个国家和地区已被点亮。

从风华正茂到鲐背之年，袁隆平一直活跃在带学生、做科研的第一线，用农业科学技术、用自己不平凡的一生，帮助人类战胜饥饿。

正因为袁隆平“一稻济世，万家粮足”的卓越功勋，这位老人在2019年9月29日荣获共和国勋章，在他于2021年5月22日离世后，数不清的悼念者沿着长沙的长街，冒雨追赶着灵车，高喊着“袁爷爷，一路走好”，悲泣相送。

袁隆平倾尽一生，把爱写在大地上，他既是稻田的忠实守望者，更是执着的时代追梦人，而这平凡而伟大的精神，正是袁隆平传递给新时代青年的榜样力量。唯有砥砺前行，才能让梦想照进现实。

汶川地震

这是一场震级高达里氏 8 级，持续时间约为 2 分钟，波及大半个中国及亚洲多个国家和地区，令世界震惊的特大地震，也是新中国成立以来破坏性最强、波及范围最广、救灾难度最大的一次地震——汶川地震。

山体塌方，桥梁断裂，基站被毁，通信中断，汶川、茂县、北川、青川等地的很多地方刹那间成为孤岛。地震造成的受灾面积超过 10 万平方公里。

汶川地震，这场突如其来的灾难，将 2008 年 5 月 12 日 14 点 28 分这个时刻，定格在了每一个中国人的心里。

今天，我们回望那场前所未有的灾难，以致敬灾区的坚强与重生。

2008 年 5 月 12 日汶川地震发生后，党中央立即启动一级救灾应急响应。

灾情就是命令，时间就是生命。

我国历史上救援速度最快、动员范围最广、投入力量最大的抗震救灾斗争就此展开。解放军、武警、公安和消防官兵迅速展开救援，在余震、塌方、暴雨中挺进灾区。

2008 年 5 月 13 日凌晨 1 时 15 分，汶川首次与外界取得联系，发回震中映秀的首条消息，当地 1 万多人中仅幸存 2300 余人。

早一秒进入灾区，就能早抢救一个生命。

5 月 14 日，在无气象资料、无指挥引导、无地面标识的“三无”条件下，中国人民解放军空降兵十五勇士，从近五千米的高度空降至“孤岛”茂县，给灾区人民带去了生的希望，打开了空中救援通道。

只要有一线希望，就要尽百分之百的努力。据统计，在抢险救援中，总共投入解放军、武警部队、公安民警、民兵预备役、医务人员、专业搜救队等数十万人，志愿者 100 多万人，深入灾区 300 个乡镇和近万个自然村展开生命大搜救。

在满目疮痍的废墟中，1500 多万群众被成功解救和转移，谱写了一曲曲英雄赞歌。灾区群众奋起自救的勇气和乐观坚强的精神也打动了无数人。

林浩，当时 8 岁半，汶川小学生。地震中他不顾自己多处受伤，在废墟中救出两名同学，被授予“抗震救灾小英雄”称号。

张吉万，当时 11 岁，背着 3 岁的妹妹徒步 12 个小时，坚持走出了汶川。

“吊瓶男孩”李阳，北川中学高一学生。地震发生后，他的同学廖波被压在废墟下，李阳为他举着吊瓶，鼓励他坚持下去。

被称为“敬礼娃娃”的郎铮，获救后的第一个动作是用右手向 8 位抬他的解放军叔叔敬礼，这个 3 岁男孩的敬礼，感动了整个中国。

国务院将2008年5月19日—21日设为全国哀悼日，这是新中国成立以来，第一次为严重自然灾害造成的重大伤亡举行全国性哀悼活动，第一次为自然灾害中的遇难同胞降半旗致哀。

后来又经国务院批准，自2009年起，每年的5月12日设立为全国防灾减灾日。

汶川地震后，党中央迅速出台一系列政策措施，灾区不仅没有发生一起因地震带来的暴发性疫情，而且举全国之力加快灾后恢复重建工作。全国20个对口援建省市，一省帮一重灾县，使灾区人民在短短两年时间内，拥有了一个崭新的美好家园。在民族危难时刻，中国特色社会主义制度优越性得到充分彰显。

人民至上，生命至上。中国共产党团结和带领全国军民，用世人称道的抗震救灾实际行动，取得了重大胜利，由此凝聚起的以“万众一心、众志成城，不畏艰险、百折不挠，以人为本、尊重科学”为内核的抗震救灾精神，彰显了生生不息的民族伟力，书写了山川永记的涅槃重生。

多难兴邦，实干强国。

回望过去，我们历经很多自然灾害，但任何困难都难不倒英雄的中国人民。作为新时代的青年，只要我们克服前进道路上的艰难险阻，奋发进取、开拓创新，我们必将成为国家和民族最有生气的未来力量。

同一个世界同一个梦想

2008年8月8日晚上8时，第29届夏季奥林匹克运动会在北京国家体育场隆重开幕。

那一夜，具有2000多年历史的奥林匹克运动与有着5000多年历史的中华文化交相辉映，共同谱写了人类文明史上气势恢宏的新篇章。

时光荏苒，2008年北京奥运会转眼就已过去了14个春秋，但是中华民族为实现百年奥运梦想的奋斗，依然深深镌刻在每一个中国人的记忆里。

回望奥运历史，可以说既是奥林匹克影响中国的历程，又是中国丰富奥林匹克的历程。

今天，走进北京国家体育场，与2008年北京奥运会再次“对话”，重温北京奥运会的经典和辉煌。

北京国家体育场，就是我们常说的“鸟巢”。

眺望这地标性的体育建筑和奥运遗产，远远的天际，似乎正传来《同一个世界 同一个梦想》的悠扬歌声，现实和历史交错着，场景一幕幕地浮现在我的脑海……

2008 年 8 月 8 日，北京奥运会开幕的那个夏夜，鸟巢里发生的一幕幕精彩绝伦：29 个烟火“脚印”凌空而过，2008 人击缶而歌，体操王子李宁高擎火炬“飞”向天空，点燃了奥运圣火……

那一刻，北京吸引了整个世界的目光；那一刻，中华民族举办奥运的百年梦想终于成真。

为什么说是百年奥运梦想呢？那是因为在 1908 年的《天津青年》杂志上，曾有人发出了著名的“奥运三问”：中国什么时候能够派运动员去参加奥运会？我国运动员什么时候能够得到一枚奥运金牌？我们国家什么时候能够举办奥运会？其中的渴盼，充溢在字里行间。

但是，在那个积贫积弱、内忧外患的年代，对中国人来说，举办奥运会只是一个遥不可及的梦想。

新中国成立后，我国体育事业进入蓬勃发展的新时代。

改革开放后的 1979 年，中国重返奥林匹克舞台，1991 年 12 月 4 日，北京向国际奥委会递交了承办 2000 年第 27 届奥运会申请书，但以两票之差落败悉尼，抱憾而归。

1999 年，北京再次站在了申办奥运的起跑线上，2001 年 7 月 13 日，莫斯科国际奥委会第 112 次全会上，在宣布第 29 届奥运会主办城市的环节，当时任国际奥委会主席的胡安·安东尼奥·萨马兰奇打开手中的信封念出“北京”二字时，现场的中国代表团和远在万里的中华大地都沸腾了。“我们赢了”的巨大喜悦，让人欢呼雀跃，也让人喜极而泣。

2005年6月26日晚，公布了2008年北京奥运会主题口号："同一个世界 同一个梦想。"那一夜，同名主题歌曲也一唱成名、传遍世界。

2008年8月24日晚，北京奥运会圆满闭幕，中国代表团居于金牌榜首位。在闭幕式上，时任国际奥委会主席的雅克·罗格给予北京奥运会"无与伦比"的至高评价。

今天，回望2008年北京奥运会，我们仍然可以自豪地说，中国人民成功举办了一届有特色、高水平的奥运会，实现了中华民族的百年期盼，兑现了对国际社会的郑重承诺，进一步增进了同世界各国人民的相互了解和友谊，展现了一个开放自信的中国。

"同一个世界 同一个梦想"的辉煌仍在赓续。2015年7月31日，又是一个载入奥林匹克史册的日子。这一天，在马来西亚首都吉隆坡，国际奥委会主席巴赫宣布：2022年冬季奥林匹克运动会主办城市为北京。北京将成为世界上第一个"双奥"之城。

北京奥运会不仅圆梦百年，更开启了中国从体育大国迈向体育强国的新征程。从2009年开始，国家将北京奥运会开幕之日——8月8日定为"全民健身日"。

我们作为新时代的青年，应不负韶华，与奥运精神同行，在新的百年征程中，胸怀中国人的志气、骨气、底气，以青春奋斗之姿，向世界展现中国青年的风采。

西部大地的青春之花

“到西部去，到基层去，到祖国和人民需要的地方去！”

2021 年 7 月 23 日上午，湖南省大学生志愿服务西部计划出征仪式在湖南工程职业技术学院举行，青春的火焰又一次被点燃。464 名志愿者将陆续前往志愿服务地，到祖国的基层贡献青春力量。

自 2003 年以来，这一沸腾着青春热血、澎湃着青春激情的口号，激励着无数有志青年到西部、到基层，去挥洒青春的汗水，将青春之花绽放在祖国的西部大地上，一批批的青年志愿者由此成长起来。

每年大学毕业季，都会有一大批应届毕业生填写这样一份报名申请表，他们经过多层选拔后奔赴全国 20 多个省区市的基层单位，开展为期 1—3 年的志愿服务工作。

这是一份怎样的报名申请表？为什么能够吸引那么多的大学生投身基层呢？它有一个响亮的名字，叫“大学生志愿服务西部计划”。

“大学生志愿服务西部计划”是由团中央牵头、引导和鼓励高校毕业生到西部、到基层工作的一个专项计划。

2003 年，根据国务院常务会议和全国高校毕业生就业工作会议精神的要求，团中央、教育部、财政部、人社部联合实施大学生志愿服务西部计划，每年招募一定数量的普通高等学校应届毕业生或在读研究生，到西部基层开展为期1—3年的志愿服务工作，鼓励志愿者服务期满后扎根当地就业创业。当年从全国共招募青年志愿者 6000 多人，选派到全国 12 个省的基层单位。此后每年招募，最多的一年达到 2 万多人。

西部计划实施 18 年来，已经累计招募派遣 37 万余名高校毕业生和在读研究生到中西部地区的 2000 多个县（市、区、旗）基层从事志愿服务，其中有数万名志愿者最终选择留在西部地区，在那里生根发芽，开花结果。

湖南自 2003 年实施该项目以来，省项目办已累计选派 5894 名西部计划志愿者。逐年来申报人数呈上升趋势，青年大学生们满怀热情，激烈竞争，2021 年，全省入选比例约为 10%。

18 年来，37 万多名青年志愿者，源源不断、浩浩荡荡、义无反顾地响应祖国号召，奔赴中西部的贫困地区、基层单位，把自己的青春热血奉献给雪域高原、边塞大漠、深山大川，奉献给最需要帮助的地方和人民。他们中有的成为坚守讲台的农村教师，有的成为救死扶伤的医生护士，有的成为辛勤耕耘乡镇一线的基层干部……

西部计划的青年志愿者们，在祖国基层广阔的舞台上，接受锻炼，贡献才干，用实际行动唱响了时代主旋律，弘扬“奉献、友爱、互助、进步”的志愿精神，实现着自己的人生价值，充分彰显了当代青年的理想信念和责任担当。

黄彪，2019 年 6 月毕业于长沙师范学院，是当年的一名志愿者代表，申请到湖南省湘西土家族苗族自治州凤凰县麻冲乡政府乡村振兴办，负责产业发展工作。

2019 年 6 月以来，他围绕实现脱贫攻坚成果与乡村振兴的有效衔接，走村访户，了解主导产业，研究产业促发展。2019 年至 2020 年，麻冲乡每年种植 500 亩烟叶、200 亩蚕桑、1600 亩猕猴桃。2021 年全乡新开发茶叶达 5000 余亩，完成抛荒耕地复耕 774.35 亩，带动了全乡产业经济的较快发展。黄彪也得到了群众的肯定，赢来了多方点赞。

作为一名西部计划志愿者，黄彪认为身为志愿者就要立鸿鹄之志，努力让自己的青春之花在党和人民最需要的地方绽放。

一代人有一代人的长征，一代人有一代人的使命。青年是国家的希望、民族的未来。作为新时代的年轻人，理当响应党和国家的号召，发扬“奉献、友爱、互助、进步”的志愿精神，以国家富强、人民幸福为己任，胸怀理想、志存高远，听从时代召唤，志愿到条件艰苦的西部基层、国家建设的一线、项目攻关的前沿，经受锻炼，增长才干，用年轻的臂膀和火热的胸膛去拥抱未来，用理想和奋斗担当起民族复兴大任。

我的青春在丝路

陆上丝绸之路，是西汉时张骞出使西域开辟的以长安（今陕西西安）为起点，经关中平原、河西走廊、塔里木盆地，到中亚、西亚地区，并联结地中海各国的陆上通道。

在这条具有历史意义的国际通道上，五彩丝绸、中国瓷器和香料络绎于途，为古代东西方之间经济、文化交流作出了重要贡献。

作为经济全球化的早期版本，这条贸易通道被誉为当时全球最重要的商贸大动脉。21 世纪初，贸易和投资在古丝绸之路上再度活跃，中亚各国希望与中国扩展合作领域，在古丝绸之路基础上形成的一个新的经济发展区域——新丝绸之路经济带。

新丝绸之路经济带，东边牵着亚太经济圈，西边系着发达的欧洲经济圈，被认为是“世界上最长、最具有发展潜力的经济大走廊”。丝绸之路经济带总人口近30亿，市场规模和潜力独一无二。

位于湖南省长沙市开福区的长沙火车北站，是中欧班列（长沙）的发车地。

中欧班列是指按照固定车次、线路等条件开行，往来于中国与欧洲及“一带一路”沿线各国的集装箱国际铁路联运班列。

满载着电子产品、小商品的中欧班列从长沙北站驶出，驶向乌克兰的首都基辅，湖南货物运输到乌克兰全程仅需17天，比海运路线缩短近30天。

目前中欧班列通达欧洲160多个城市，涉及22个国家，已构建了覆盖西欧、俄罗斯、中东欧、中亚、西亚、东南亚等国家和地区的国际多式联运物流网络枢纽。中欧班列充盈着新时代的澎湃动力，奔驰在亚欧大陆上，展现大国风采！

中欧班列仅是“一带一路”发展繁荣的一个小小缩影，至2022年，中方已与147个国家和32个国际组织签署200多份合作文件，货物贸易累计总额超过11.6万亿美元，对沿线国家直接投资1384.5亿美元，新签承包工程合同额8000多亿美元，一大批重大项目和产业园区相继落地见效。“一带一路”是国际合作之路，更是民心相通之路。

2019年3月，“一带一路”青年创意与遗产论坛在长沙铜官窑开启大幕，当歌曲*We Are the World*在漫天花火的夜空里唱响，来自全球85个国家的一百多位青年代表，真切感受到彼此的心声：同一个世界，我们牵手同行。

在携手共建“一带一路”的过程中，青年始终扮演着不可或缺的重要角色。自“一带一路”倡议发起以来，各国青年不远万里来到中国学习、参观和工作，他们既带来了文化，也带来了友谊。

2018年埃塞俄比亚女孩汉娜·格塔丘代表参加“一带一路”青年创意与遗产论坛的各国青年，给习近平主席写信。在信中，她真诚表达了希望为“一带一路”建设贡献力量的心愿。习近平主席在给汉娜的回信中说：“青年是国家的未来，中非青年是中非友好的未来。希望你们加强文化交流、心灵沟通，继续关注并积极参与共建‘一带一路’。”

习近平主席的这封回信既表达了习近平主席对青年一代的殷殷关爱，也再次彰显了开放友好的中国姿态，更饱含了习近平主席对各国青年以“一带一路”为平台构建人类命运共同体的期待。

自2013年习近平主席提出“一带一路”倡议以来，无数年轻人，在“一带一路”沿线国家和地区落地生根，正是有了他们胸怀天下、放眼全球的责任和担当，中国的“一带一路”倡议才得到了越来越多国家和地区的拥护和支持。

雅万高铁，是中国成套技术整体“走出去”的首条高铁，也是东南亚第一条最高设计时速350公里的高铁。中国中铁印尼雅万高铁项目部第二分部工程部部长纽彦鑫是一位90后，他说：“作为一个年轻人，可以参与到印尼雅万高铁的建设，这是值得一辈子回味的荣耀。”

实现中华民族伟大复兴中国梦是当今中国最鲜明的时代主题，“一带一路”倡议吹响了实现这一梦想的号角，映照世界各国人民追求美好生活的繁荣之路，也为广大中国青年提供了追梦的舞台。我们新时代的中国青年必将担负起时代的重任，把“一带一路”建设成为和平之路、繁荣之路、开放之路、绿色之路、创新之路、文明之路！

富国强军

“向前向前向前，我们的队伍向太阳，脚踏着祖国的大地，背负着民族的希望，我们是一支不可战胜的力量……”

这是一首响彻中华大地的《中国人民解放军军歌》！

这是一支由中国共产党亲手缔造领导的人民军队！

这是一支浴血奋战、一往无前、无坚不摧的钢铁长城！

这是一支打江山、保江山、全心全意为人民服务的人民子弟兵！

如今，在新的历史起点上，中国进入了全面推进国防和军队现代化建设、强军兴军的新征程！

在中国强军史上，这些时间值得永远铭记。

2012 年 11 月，党的十八届一中全会决定习近平为中央军委主席。上任伊始，习近平从实现中华民族伟大复兴中国梦的战略高度，敏锐把握世界新军事革命发展动向，统筹谋划新时代国防和军队现代化建设的一系列重大问题。

2012 年 12 月，习近平在会见驻广州部队师以上领导干部时首次提出，强国梦，对于军队来说，也是强军梦。我们要实现中华民族伟大复兴，一定要坚持富国和强军的统一，建设巩固国防和强大军队。

2013 年 3 月，在参加十二届全国人大一次会议解放军代表团全体会议时，习近平再次明确指出，建设一支听党指挥、能打胜仗、作风优良的人民军队，是党在新形势下的强军目标。

2017 年 10 月，具有重要历史意义的党的十九大召开。大会提出，党在新时代的强军目标是，建设一支听党指挥、能打胜仗、作风优良的人民军队，把人民军队建设成为世界一流军队。强军目标的提出，是新时期军队建设的主旋律、最强音，彰显出巨大的凝聚力、感召力！

党的十八大以来，如何筑牢立军之本，深化国防和军队改革，向着强军目标迈进，党中央、中央军委不断续写新篇！

听党指挥，党对军队的绝对领导，是人民军队永远不变的军魂。

2014 年 10 月 30 日至 11 月 2 日，习近平率领 400 多名军队高级干部，来到福建上杭古田镇，主持召开新世纪第一次全军政治工作会议。在这次会议上，习近平阐明新的历史条件下党从思想上政治上建设军队的重大问题，确立党在强国强军进程中政治建军的大方略。

2015 年 11 月 24 日至 26 日，这是又一个载入人民军队史册的日子。中央军委改革工作会议在北京召开，习近平发出“全面实施改革强军战略，坚定不移走中国特色强军之路”的深化国防和军队改革的动员令，对深化国防和军队改革进行整体部署。不久，中央军委印发《关于深化国防和军队改革的意见》。

面对长期制约国防和军队建设的体制性障碍、结构性矛盾、政策性问题，党中央、中央军委把改革作为关键的一招。由此，一系列重大改革部署有力有序展开，推进力度之大、触及利益之广、影响范围之大前所未有！

2019年10月1日，在庆祝中华人民共和国成立70周年阅兵仪式上，中华人民共和国武装力量改革重塑后整体亮相：领导指挥方队、火箭军方队、战略支援部队方队、联勤保障部队方队、文职人员方队走过天安门，接受检阅。这些在改革强军大潮中出现的新名称、新方队，展示着新时代人民军队的新构成、新风貌！

在新时代国防和军队现代化建设中，党中央、中央军委备战打仗主责主业，把能打仗、打胜仗这一“强军之要”，作为实现党在新时代强军目标的核心来抓，确保部队招之即来、来之能战、战之必胜！

夏秋时节，演兵场上金鼓阵阵、高潮迭起——塞北草原，多支陆军合成旅挺进朱日和，一番番鏖战如火如荼；远海大洋，海军三大舰队互为对手多维对抗，一轮轮攻防惊心动魄；西北戈壁，空军“金飞镖”争夺战硝烟正浓，一次次突击雷霆万钧；大山深处，火箭军新型导弹旅排兵布阵，一枚枚长剑引弓待发……近似实战的演训如砥似砺，打磨着一支支胜战之师。

强国必须强军，军强才能国安。如今，在中国共产党百年风华中熔铸的人民军队，正全面推进政治建军、改革强军、科技强军、人才强军、依法治军，昂首阔步向着2027年建军百年的奋斗目标迈进！

实现中华民族伟大复兴的中国梦，离不开强大的国防和一流的军队！而在强军兴军的辉煌篇章里，我和你，每一位新时代的青年，都应是责无旁贷的书写者，都应是执着无悔的追梦人！

我站立的地方就是中国

位于祖国西北边陲的喀喇昆仑高原，平均海拔 5000 多米，常年冰雪覆盖、高寒，缺氧，恶劣的气候经年久驻，是名副其实的“生命禁区”。

驻守在这里的边防官兵们将使命扛在肩上，将忠诚镌刻在祖国边疆。他们卫国戍边，宁可高原埋忠骨，也绝不丢失祖国的一寸领土，因为他们守卫的地方叫国门，他们站立的地方就是中国！

喀喇昆仑高原，横亘西部边境。这里是祖国的西部边陲，是守卫和平安宁的一线。

几十年来，一代代戍边人一边克服着自然环境带来的身体和心理上的各种不适，一边应对着严峻复杂的边境防控形势，写下了无数胸怀家国、牢记使命、无私奉献的壮丽诗篇。

“界线即是底线”，国界代表着国家的领土和主权，丝毫不能侵犯。

2020 年 4 月以来，有关外军严重违反两国协定协议，在喀喇昆仑高原的加勒万河谷地区蓄意挑起事端，试图单方面改变边境管控现状。面对外方的非法越境挑衅行径，我边防官兵保持克制忍让，尽最大诚意维护两国关系大局和边境地区的和平安宁。

2020年6月15日，外军公然跨越实控线暴力攻击我国官兵。在忍无可忍的情况下，边防官兵对暴力行径予以坚决回击，与数倍于己的外军展开了殊死搏斗，取得重大胜利，有效捍卫了国家主权和领土完整。

一个英雄的集体，必然是团结的集体。

回顾那晚的战斗，官兵们含泪讲述着一个又一个战友间生死与共、舍命相护的故事。

在交涉和激烈斗争中，团长祁发宝身先士卒，站在河水中，伸出双臂，拦住越线前来的大批外军士兵，身负重伤。

营长陈红军，突围营救，奋力反击，战斗至生命最后一刻。他生前写下这样一句话：“党把自己放在什么岗位上，就要在什么岗位上建功立业。”牺牲时，他的妻子已怀孕五个多月。

战士陈祥榕在奋力反击时英勇牺牲。他生前曾在日记里写下了战斗口号：“清澈的爱，只为中国！”

战士肖思远，突围后义无反顾返回营救战友，英勇牺牲。他在战地日记中写道：“我们就是祖国的界碑，脚下的每一寸土地，都是祖国的领土！”

战士王焯冉，在渡河前去支援途中，奋力救助被冲散的战友脱险，自己却淹没在冰河之中。他在执行任务前写下了家信：“爸妈，儿子不孝，可能没法给你们养老送终了；如果有来生，我一定还给你们当儿子，好好报答你们。”原来他在执行任务之前就做好了牺牲的准备。

2021年2月19日，中央军委授予祁发宝“卫国戍边英雄团长”荣誉称号，追授陈红军“卫国戍边英雄”荣誉称号，给陈祥榕、肖思远、王焯冉追记一等功。

这5名英雄，最年轻的陈祥榕生于2001年，他只有19岁，而肖思远、王焯冉也只有24岁。

哪有什么岁月静好，是有这样一群可爱的人，默默无闻地在替我们负重前行。在人生最黄金的岁月，他们选择守卫边疆，并且在这样的危急时刻，义无反顾地冲上前线，捍卫了祖国的疆土和尊严，把青春、鲜血乃至生命留在喀喇昆仑高原，筑起巍峨界碑。

当我们安静地坐在窗明几净的教室里学习，这是一个和平安全的中国；当我们摆脱贫困、追求美好生活，这是一个不断发展的中国；当我们拿着中国护照登上撤侨的祖国军舰，这是一个走向强大的中国；当我们迅速控制新冠肺炎疫情，能在大多数地方摘下口罩呼吸新鲜空气，这是一个团结有力量的中国。

我们所站立的地方是中国。

作为新时代的青年，我们要用自己的青春热血共同守护来之不易的繁荣局面，为中国特色社会主义伟大事业贡献力量。

逐梦海天的雄鹰

29岁短暂人生，12年逐梦长空。他先后飞过8种机型，数次主动放弃个人安逸的生活，选择为祖国召唤、为军人使命而奋飞。他就是“人民英雄”国家荣誉称号获得者、海军某舰载航空兵部队原一级飞行员——张超。

1986年8月，张超出生在湖南岳阳一个普通家庭。在父母眼中，张超是他们唯一的希望，也是最大的骄傲。两个哥哥在年幼时就去世了，张超不仅学习成绩一直名列前茅，还十分孝顺。17岁那年，上军校后的第一个月拿到了100元津贴，他全部寄给家里。老两口都舍不得花，至今还一直珍藏在家中。

2009年，经过5年培养和训练，张超作为优秀毕业生，是可以留校任教的。但他坚决要求到一线作战部队，做一名飞行战斗员。2010年，改装歼-8，张超成为同批次首个放单的飞行员和首批长机，是全团6名“尖刀”队员中最年轻的一员；时隔两年，改装新型三代战机，张超又是同批飞行员中首个单飞的，并提前4个月完成改装任务，刷新多项纪录。

而对于张超来讲，他最大的愿望是当一名世界最尖端的飞行员，他在日记中写道：“飞行不仅是勇敢者的事业，更是我的使命所系、价值所在！”当他决定要做一名舰载战斗机飞行员时，他语重心长地劝慰妻子：我的梦想就是飞最“牛”的飞机，你不就是喜欢我驾机巡天的“帅”吗……2015 年 3 月，张超成了一名当时中国海军最年轻的舰载战斗机飞行员。

舰载战斗机飞行员被称为“刀尖上的舞者”，其风险系数是航天员的 5 倍、普通飞行员的 20 倍。西方某大国刚发展航母时，平均每两天摔一架飞机，损失了 1000 多名飞行员。由于工作的保密性，张超始终对父母严守着纪律。父母并不知道儿子到底在从事什么工作，直到出事的那天，才知道原来孩子每天都面临着超乎想象的危险。

那天，就是 2016 年 4 月 27 日，距离张超完成训练任务、顺利上舰，仅剩 3 个飞行日。按照计划，张超和战友们要飞 3 个架次的低空、超低空训练。第 2 架次飞完，海面上薄雾渐起，能见度越来越差，第 3 架次被调整为陆基模拟着舰训练。

然而就在这时，一个潜藏的巨大危机正向毫无察觉的张超袭来。

27 日 12 时 59 分 12 秒，就在张超驾驶“飞鲨”近乎完美地精准着陆后，已经接地滑跑的飞机突报“电传故障”，机头急速大幅上仰。指挥塔台迅速下达跳伞命令。可张超第一时间选择的并不是跳伞，他的动作只有一个，那就是全力推杆到底，制止机头上扬。生死一瞬间，张超想的就只有挽救战机。飞机报警 4.4 秒之后，机身起火，张超被迫跳伞。由于失去了最佳跳伞时机，张超从空中重重落下，在草地上砸出了一道痕迹。在巨大的撞击中，腹腔内脏击穿张超的胸膈肌，全部挤进了胸腔，心脏、肝脏、脾、肺严重受损。

在战友们送张超去医院的路上，他问战友："我是不是要死了，再也飞不了了……" 直到生命最后时刻，他最割舍不下的，仍然是飞行。遗憾的是，15 时 08 分，张超年轻的心脏永远停止了跳动。

在英雄张超追悼会的现场，数千名战友和群众排着整齐的队伍前来悼别。气氛庄严肃穆，人们低头悲伤，整个大厅里除了哀乐，寂静无声。张超父亲始终话语不多，强忍着悲痛，却终究没有表现出来。他怀里抱着张超的女儿，女孩儿环视着陌生的一切，突然看到大厅中央沉睡着的爸爸，不停地呼喊着："爸爸起来！爸爸起来！"此刻，大家再也控制不住情绪，纷纷别过脸去擦着泪水。

当看到由战士搀扶着的老父亲时，战士们的眼睛和脸都憋得通红，他们深深地给老爷子鞠了个躬："对不起，我们没有把张超照顾好。"老爷子一遍又一遍地抚摸着张超的脸庞，一字一顿地说："我也是共产党员，我懂！"当看到孩子的骨灰盒时，张超父亲再也承受不住内心巨大的悲痛，他颤抖着双手，接过骨灰盒，把盒子深深地搂进怀里，放声大哭着说："儿啊，我的儿啊，爸爸带你回家！"

如今中华大地上早已不见战争的硝烟，但强军征程中同样有军人的流血牺牲。张超是为中国航母舰载机事业牺牲的第一位烈士。张超，一只永远留在蓝天里的雄鹰，用年轻的生命阐释了以强军梦托起中国梦的时代使命。

国歌的故事

它本是电影《风云儿女》的主题歌，自 1935 年在民族危亡的关头诞生以来，就成了一首鼓舞无数中华儿女的壮歌。新中国成立前夕，又确定这首歌为代国歌，后来被确定为国歌。

这首歌就是《义勇军进行曲》。

1935 年由田汉作词、聂耳作曲的《义勇军进行曲》一经问世，就因其奋进的词文和激昂的曲调迅速传遍祖国大地。随着世界反法西斯战争的全面展开，其影响更是远远传播到世界各地。

然而，无论是聂耳还是田汉，都未能在第一时间听到这首《义勇军进行曲》。

1934 年底，左翼作家田汉受邀为上海电通影业公司筹拍的电影《风云儿女》写剧本。因宣传抗日，田汉只完成了故事梗概和主题歌歌词，还来不及写完电影脚本就被捕入狱。

田汉被捕后，电通影业公司邀请夏衍把田汉写的《风云儿女》故事梗概改写成电影台本，并交给导演许幸之进行拍摄。

当得知电影主题歌《义勇军进行曲》还没有谱曲时，作曲家聂耳主动请缨。他在上海的霞飞路寓所内，用两天时间，谱写出雄壮的《义勇军进行曲》曲谱初稿。就在聂耳完成曲谱初稿后不久，聂耳也被列入当局的黑名单。

4 月 15 日，聂耳抵达日本。4 月下旬，聂耳在日本将《义勇军进行曲》曲谱修改定稿之后寄回了电通影业公司，《义勇军进行曲》就这样诞生了。

1935 年 5 月 24 日，影片《风云儿女》在上海金城大戏院（今北京东路的黄浦剧场）举行首映。从公映第一天起，金城大戏院场场爆满。

《义勇军进行曲》这首歌就像一根导火索，点燃了当时人们心中的爱国热情。许多人为了学会这首歌，到金城大戏院一场又一场地观看《风云儿女》，戏院内出现了全场观众一起高声歌唱《义勇军进行曲》的动人场面。

新中国成立前夕，中国人民政治协商会议第一届全体会议对应征国歌的 632 首歌曲进行审定，《义勇军进行曲》呼声最高。

在会议上，有些代表认为这首歌的歌词已经过时，必须修改，但大部分代表赞同和支持歌词不改。他们认为《义勇军进行曲》创作于中华民族危难关头，表现了中华民族不屈不挠的战斗精神，这种精神是不会过时的。

1949 年 9 月 27 日，周恩来主持大会通过了《关于国歌的决议方案》，决定在中华人民共和国国歌正式制定前，以《义勇军进行曲》为代国歌。

2004 年 3 月 14 日，十届全国人大二次会议通过《中华人民共和国宪法修正案》，正式将《义勇军进行曲》作为中华人民共和国国歌写入宪法。

2017年9月1日，十二届全国人大常委会第二十九次会议通过了《中华人民共和国国歌法》。

尽管“敌人的炮火”已经离我们远去，但《义勇军进行曲》经历过血与火淬炼洗礼而发出的呐喊，依旧能抵达人们的灵魂深处，具有跨越时代的强大力量。

多少年来，这首不屈之声、不朽之歌伴随着中国人民的革命斗争，伴随着新中国的建设事业，成为中华民族的英雄儿女为祖国独立富强而英勇斗争的战斗号角。

1984年，中国第一块奥运金牌在洛杉矶诞生时，全场所有华人跟着冉冉升起的五星红旗一起高唱《义勇军进行曲》，热泪盈眶；1997年7月1日，“东方之珠”香港在《义勇军进行曲》激昂的旋律中回归祖国母亲怀抱；2015年9月3日，在纪念中国人民抗日战争和世界反法西斯战争胜利70周年的大型阅兵式上，习近平总书记在《义勇军进行曲》雄壮的歌声中检阅英雄的队伍；2020年抗击新冠肺炎疫情最艰难的时刻，许多武汉市民高唱国歌，让无数人动容！

国歌，是代表国家的歌曲，是国家意志和民族精神的象征。每当国旗升起、国歌响起之时，无论身在何处，每一个中国人都会感到热血沸腾，心潮澎湃。

这就是国歌的力量。

二十五年写就的大论文

这个故事的主人公叫陈能宽，湖南慈利人。1947 年，24 岁的他赴美国求学，在旅居美国期间，他只用了 3 年时间就在耶鲁大学获得了物理冶金系的硕士和博士学位，并发表了多篇重量级科学论文，成为享有国际声誉的金属物理学家。

而正当他学有所成，准备回国报效祖国时，却受到美国当局的百般阻挠，多次受到美国移民局官员的盘问和施压，直到 1955 年，32 岁的陈能宽才带着妻儿辗转旧金山、檀香山、日本、菲律宾、香港，历经艰难回到中国。

当时，很多人表示不解："美国条件这么好，你非走不可吗？科学是没有国界的呀！"陈能宽回答："科学没有国界，但科学家是有祖国的！"

回国后，陈能宽在金属物理学领域独领风骚，引起国际学术界极大关注。然而，1960 年他受命一项神秘任务，参与中国第一颗原子弹的研制，不得不放弃自己颇有成就的研究领域，从此告别家人，过上了隐姓埋名的生活。这一走，便是整整 25 年。

在与世隔绝的试验场，在风沙呼啸的戈壁滩，陈能宽率领一支年轻的队伍，向世界最尖端技术发起挑战。没有试验容器，就用锅碗瓢盆；没有计算机，就用算盘。原子弹那数以亿万计的精密数据，是科学家们手工算出来的。为防止皮鞋带沙子引起静电，零下 30 摄氏度的夜晚，陈能宽只能赤着脚进炸药生产工房。他何尝不知道自己随时都面临生命危险，他在写给妻子的信件中说："如果我有什么不幸，你要想得开。当年我们抛弃洋房、轿车，带着儿女回国，不就是为了让祖国富强吗？"

1964 年 10 月 16 日，中国第一颗原子弹爆炸成功。这一声东方巨响，震撼了整个世界。紧接着，陈能宽又投身到氢弹的攻关中。他时常鼓励同事："消失这些年是值得的，我们为祖国写篇大论文。"直到 1986 年，陈能宽同邓稼先一起走进人民大会堂，接受国家科学技术进步奖特等奖这一最高荣誉时，人们才猛然发现，消失了 25 年的陈能宽回来了。

这 25 年，科技界以为他早已去世；这 25 年，对于妻儿，他只是个抽象的信箱号码；这 25 年，他无数次手握父母的照片，遥望家乡的方向。

1989 年，陈能宽终于回到了久别的家乡慈利。然而，他日思夜想的父母已不在了，大哥二哥也去世了。年过花甲的妹妹抱着他泣不成声："哥，这些年你都去哪了？妈妈生前那么疼你，临走时还在呼唤着你的名字啊。"陈能宽长跪在父母的坟头，热泪长流。

春蚕到死丝方尽，许身为国终不悔。在那段激情燃烧的岁月里，这位“两弹一星”功勋奖章获得者，用 25 年的坚守与奋斗，和队友们一起创造了世界瞩目的伟大奇迹，也树起了新时代长征路上共产党人的精神丰碑！

“一汽”风发

位于吉林省长春市的中国第一汽车集团有限公司前身为第一汽车制造厂，以下简称“一汽”，是新中国第一个大型汽车制造厂。

“共和国工业长子”，曾经是这家中国最大汽车制造企业的特殊称谓。

打开“一汽”，就是奏响了一段有关速度、力量与情怀的传奇。

从共和国汽车工业的创始先驱，到中国民族汽车品牌的创领巨擘，“一汽”凭自强与奋发，以速度和力量，不断为新中国赋能，它不仅是国家发展战略的浓缩，更是几代中国人工业强国梦想的焦点。

今天我们许多的习以为常，都曾是先辈宏大的梦想。诞生于1953年的“一汽”，揭开了中国汽车制造工业崭新的一页，结束了中国无法自主造车的历史，也承载了新中国的光荣与梦想。

60多年前，毛主席亲临“一汽”视察工作，临走时他问厂长饶斌：什么时候能坐上我们自己造的汽车呀。就是这样一句意味深长的话语，为“一汽”植入了“独立自主，自力更生”的基因。

1956年7月13日，第一辆解放牌卡车驶出第一汽车制造厂，从此走上了一条自主创新的民族品牌之路。

60余年自强不息，解放牌卡车占据了全国近25%的卡车市场份额，是国内卡车领域当之无愧的“龙头”。

20世纪90年代末，“一汽”曾尝试过与奔驰合资，但奔驰要求合资产品放弃解放品牌，最后，“一汽”毅然决定：“解放”这个民族品牌绝对不能放弃！

2018年5月，两辆解放J7重卡从中国西安出发，跨越欧亚10国，纵横2万公里，挑战雪山、沙漠、公路等多种路况，完成了中国卡车穿越古丝绸之路的壮举。

新一代解放重卡不再只是运输工具，而是已经演变成搭载信息化技术的智能终端，能够比肩欧洲同等高端重卡的品质，开创了中国运输商用车的新局。

1958年8月1日，中国第一辆国产高级轿车红旗牌诞生。以红旗牌振兴引领“一汽”，为中国汽车行业国企改革和自主汽车发展提供范本，为中国制造转型、提高供给体系质量提供标杆，“红旗”战略全面驱动。

沧海横流，方显英雄本色。从第一辆红旗牌高级轿车诞生起，红旗牌长期被用作重大庆典活动的检阅车，成为几代中国人共同的记忆。

2019年10月1日，习近平总书记在庆祝新中国成立70周年阅兵式上所乘坐的检阅车，就是产自“一汽”的红旗牌高级轿车。

以精益化、智能化、绿色化发展为核心的新红旗牌高级轿车，已经站在国内汽车制造领域的最前端，从过去的模仿者、追赶者，跃升成为创新者与引领者。无论是制造工艺、生产质量还是工厂自动化、智能化、数字化和柔性化程度，都代表了国内汽车制造的先进水平。

今天的红旗系列已形成了多样化产品矩阵，覆盖了15万元至70万元的中高端市场。官方数据显示，气势如虹的“一汽”红旗系列，继2020年实现100%的年销量增长后，2021年1月销量增幅跃上了158%的高度。

今天的“红旗”，已经远远超出了一个品牌的含义。就像凯迪拉克之于美国、丰田世纪之于日本、劳斯莱斯之于英国，成为一种民族和国家的符号。

2020年盛夏，习近平总书记视察“一汽”，给出了“风景这边独好”的赞语，并提出了“一定要把关键核心技术掌握在自己手里”的殷殷嘱托。

如今的“一汽”，已建立起东北、华北、华东、华南、西南等五大生产基地，拥有红旗、解放、奔腾等自主品牌和一系列合资合作品牌，累计产销汽车超过5000万辆。今天的“一汽”，驰骋在全面创新驱动、突破核心技术的道路上。“红旗”向全球高端品牌第一阵营发起了冲击，“解放”夯实着“一汽”载重汽车领域世界一流的地位。

不同的时代，不变的精神。作为新时代的青年，我们应向“中国一汽”一样，在民族复兴的道路上“一汽”风发，努力学习科学技术，练就过硬本领，敢挑时代重担，勇攀时代高峰，成为有志青年。

把泪焦桐成雨

兰考县，地处豫东平原，北依黄河，东临山东。大自然并未眷顾这个豫东小县，内涝、风沙、盐碱这“三害”，曾让兰考人民饱受饥荒贫穷之苦。

“冬春风沙狂，夏秋水汪洋；一年劳动半年糠，扶老携幼去逃荒。”这是当年兰考县的真实写照，也是中国贫困地区的一个缩影。

今天的兰考县，已经摘掉了贫困的帽子，一座生态宜居的现代化绿色新城正在冉冉升起，而这些成就，可以说都离不开焦裕禄精神的感召和指引。

焦裕禄同志纪念馆位于河南省开封市兰考县裕禄大道88号，每年都会有很多游客从四面八方来到这里游览参观，怀念一位人民公仆“为民、务实、清廉”的点点滴滴，共同呼唤着一个依旧滚烫的名字——焦裕禄。

1962年12月，焦裕禄调任兰考县委书记。这一年，正是兰考连续3年遭受自然灾害较严重的一年，全县粮食产量下降到历年最低水平。

面对组织派他到兰考工作的决定，焦裕禄说：“感谢党把我派到最困难的地方，不改变兰考面貌，我决不离开那里。”

上任伊始，面对“三害”肆虐，焦裕禄发出了“苦战三五年，改变兰考的面貌，不达目的，死不瞑目”的誓言。他常说“吃别人嚼过的馍没味道”，他靠着一辆自行车和一双铁脚板，对全县149个生产大队中的120多个进行走访、蹲点调研，对所有的风口、沙丘和河渠逐个丈量、编号、绘图，闯出了一条治理“三害”的新路。

焦裕禄经常钻进农民的草庵、牛棚，和农民同吃同住同劳动。他把群众同自然灾害斗争的宝贵经验，一点一滴地集中起来，成为全县人民战胜“三害”的共识。面对“三害”中最严重的风沙，他带领全县人民试种泡桐树，一遍死了再种一遍，经过反复试验，泡桐树终于在兰考大地成活、长大，成为抵御风沙的有力武器。

后来，人们亲切地称这里的泡桐为“焦桐”。

1963年4月的一天，焦裕禄下乡回到家里看到桌子上放着一碗白米饭。他感到非常奇怪，就问妻子：“哪来的大米？”妻子说：“你身体不大好，县委特意从救济粮中拨出来20斤大米，让你补补身子。”焦裕禄一听，立即放下筷子，他说：“兰考的百姓在吃什么？他们在吃糠菜团子，在喝野菜汤。你让我吃白米饭，我怎么能吃得下去！”第二天，他把这大米亲自送给了兰考县泡桐试验站的科研人员。

焦裕禄的心里时刻装着全县的干部群众，唯独没有他自己。他肝脏不好，经常痛得直不起腰、骑不了车，即使这样，他仍然用手或硬物顶住肝部，坚持工作、下乡，直至被强行送进医院。

1964 年 5 月 14 日，焦裕禄被肝癌夺去了生命，年仅 42 岁。

他临终前对组织上提出的唯一要求，就是“把我运回兰考，埋在沙堆上。活着我没有治好沙丘，死了也要看着你们把沙丘治好”。

1966 年，河南省人民政府追认焦裕禄同志为革命烈士。

1966 年 2 月 7 日，《人民日报》头版头条发表了长篇通讯《县委书记的榜样——焦裕禄》，让焦裕禄这个名字传遍了神州大地，他的事迹感动了亿万中国人民。

1990 年 7 月 15 日，时任福州市委书记的习近平发表词作《念奴娇·追思焦裕禄》盛赞焦裕禄：“百姓谁不爱好官？把泪焦桐成雨。生也沙丘，死也沙丘，父老生死系。暮雪朝霜，毋改英雄意气！”

近年来，习近平总书记多次号召大家传承弘扬“亲民爱民、艰苦奋斗、科学求实、迎难而上、无私奉献”的焦裕禄精神，强调指出，焦裕禄精神“过去是、现在是、将来仍然是我们党的宝贵精神财富，永远不会过时”。

经过一代又一代兰考人民的接续奋斗，治理“三害”工作取得了决定性的胜利。1992 年，国务院授予兰考县“全国平原绿化先进县”“全国绿化模范县”的称号。2017 年 3 月，兰考县在全国率先脱贫。

焦裕禄当年带领大家栽下的泡桐树如今已长大成材，被老百姓制作成乐器、家具等，成为兰考人民致富奔小康的一项重要产业。目前兰考已跻身中国四大民族乐器生产基地之一。

焦裕禄已经离开我们58年了，但他的崇高精神却跨越时空，历久弥新。他身上对人民群众的那股亲劲儿、抓工作的那股韧劲儿、干事业的那股拼劲儿，应该成为我们新时代青年的精神之本、动力之源。

一个都不能少

1999 年，一部名为《一个都不能少》的影片，成为家喻户晓的“作品”。影片里 13 岁的乡村代课老师魏敏芝，在得知学生张慧科辍学去城里打工后，独自一人进城寻人的故事，曾是落后地区教育的真实写照。

1949 年，新中国刚刚成立时，全国 5.5 亿人口中有 4 亿多是文盲，文盲率高达 80%。小学入学率只有 20% 左右，初中入学率只有 6%。为此，我国开始探索发展义务教育，但“文革”期间又遭到严重摧残。1985 年，当时的中国正处于发展起步阶段。邓小平明确指出，搞经济，科技是关键，基础在教育。

为了加快发展教育，国务院撤销原教育部，成立了国家教委。1985 年 5 月，时任江西省副省长的柳斌，被调到国家教委任副主任。他的第一个任务就是担任《中华人民共和国义务教育法》起草小组组长，他跑遍了全国 30 多个省、市、自治区，调研结果让他深感担忧。

穷国要办“大教育”，没钱是个大问题。关于义务教育是否免费，成为整个《中华人民共和国义务教育法》起草、制定过程中最大的争议。按照当时标准，每年全国中小学生杂费应该在6亿元左右，对于1985年的中国来说，这不是个小数目。但“普九”是个硬指标，必须要执行下去。

于是，经过全国人大讨论后，采取了一种“折中”的方案：九年义务教育阶段，免除学费，但收取一部分杂费，用于学校办公用品、水电等日常支出。而这一政策，一落实就要在全国普及。

《中华人民共和国义务教育法》从起草到通过，仅用了10个月时间，这部法律当时只有短短的18条。它的出台，宣告了我国义务教育免费时代的到来。

决策层把发展基础教育的责任交给地方政府，当时很多地方政府财政预算投入所占的比例，还不到义务教育总投入的一半，义务教育的发展主要是依靠群众、企业和农民的支持。从1986年到2000年，十几年间筹款达数千亿元，我国基础教育终于走出了低谷，达到了有史以来最好的程度。

1992年，党的十四大提出20世纪末基本扫除青壮年文盲、基本实现九年义务教育。2006年6月29日，第十届全国人大常委会第二十二次会议通过了新修订的《中华人民共和国义务教育法》，其中明确规定：实施义务教育，不收学费、杂费，国家将义务教育全面纳入财政保障范围。2011年，中国庄严地向世界宣布，我国全面实现九年义务教育，基本扫除青壮年文盲。

在世界上人口第一的大国办义务教育，是举世无双的大事件。

全党全国都在为筹措义务教育经费而努力，奋斗了几十年后取得了成功。

但是中国对义务教育的期待和追求从来没有止步。“努力让每个孩子都能享有公平而有质量的教育”，在中国共产党第十九次全国代表大会上，习近平总书记的话掷地有声。“更高水平、更加均衡、更有质量”已成为新时代义务教育均衡发展不同以往的新诉求。

湖南自古以来就被称为芙蓉国。从2017年开始，湖南在武陵山、罗霄山集中连片特困县和国家级贫困县建设学校，该批学校被统一命名为“芙蓉学校”。芙蓉学校建设是湖南推进教育资源均衡化的重要举措。目前共建有101所芙蓉学校。

位于湖南省益阳市安化县的第一芙蓉学校，2019年9月正式投入使用，全校803名学生中，家庭贫困学生281人，有效满足了当地经济困难家庭学生对优质教育的需求。在这里，学校结合梅山文化设置了武术室，结合安化黑茶设置了茶艺室，35间功能室为山里孩子们提供了充分的拓展空间。

安化县第一芙蓉学校校长廖耀南表示：“我们对学生的生活习惯、学习习惯、礼仪习惯、健康习惯以及相关的行为习惯，进行了重点的培养。”

千年寄望，百年梦圆。

站在新的历史起点上，中国义务教育正走在从基本均衡向优质均衡迈进的道路上，书写着属于这个新时代的灿烂历史，中国教育必将积极回应时代需求、人民期待，不断汇聚取之不尽、用之不竭的人才资源，为实现“两个一百年”奋斗目标凝聚磅礴力量。

美丽的“大眼睛”

1991 年 4 月，《中国青年报》摄影记者解海龙拍摄了一张题为《我要读书》的照片。照片中的主人公，是当年在安徽省金寨县贫困山区读小学一年级的苏明娟。这张感动无数人的“大眼睛”照片，后来成为希望工程的宣传标志，也成为感人至深的时代印象。

由共青团中央、中国青少年发展基金会在 1989 年 10 月 30 日发起实施的希望工程，在河北省涞源县率先启动。自此，希望工程便担负起改善贫困地区基础教育设施、救助贫困地区失学少年重返校园的使命。

希望工程之于中国农村教育，正如改革开放之于中国经济发展。今天，我们走进中国希望工程发源地——涞源，近距离倾听希望工程背后的动人故事。

地处太行山腹地的涞源县，距离北京只有 3 个小时的车程，是一个风景如画的山区小县城。在这里，有一座桃木疙瘩小学希望工程展览馆。

展览馆的讲解员说："20 世纪 80 年代，桃木疙瘩村只有 3 间摇摇欲坠的土房子，白天上课，晚上圈羊，这就是村里仅有的学校——桃木疙瘩小学，只有 13 名学生。"

展览馆里的陈列照片也再现了当时的情形：教室的很多窗玻璃都掉了，用破旧的塑料布遮挡着；大部分孩子都打着赤脚，衣衫褴褛。

走出展览馆来到当地的学校，巨大的时空穿越感扑面而来：映入眼帘的是一幢白色的现代化教学楼，还有几栋楼井然有序地环绕其左右，篮球场和足球场设施齐全。这正是桃木疙瘩小学的升级版——东团堡中心小学。

东团堡中心小学副校长张胜利说："如今东团堡中心小学有 328 名学生，除了教室，学校还为学生配备了音乐室、微机室、图书室和宿舍。"

张胜利，正是希望工程救助的首批 13 名学生之一。1988 年，12 岁的张胜利因父亲重病中途辍学，出于对上学的渴望，他给县里写了一封求助信，求助信辗转到了青基会工作人员手中，由此揭开了希望工程的序幕。

1989 年 10 月，希望工程首次资助就读证颁发仪式上，包括张胜利在内的桃木疙瘩小学的 13 名孩子接过资助就读证，人生道路就此发生转折。

1995 年，张胜利被上海第一师范录取。1997 年从师范学校毕业后，他怀着感恩的心，义无反顾地回乡任教，让希望在家乡继续延伸。

张胜利的故事，仅仅是希望工程30多年来书写的动人篇章中的一页。1990年5月，在大别山深处的革命老区安徽省金寨县，全国第一所希望小学建成使用；而金寨，正是“大眼睛”苏明娟的家乡。自此，希望小学如雨后春笋般出现在中国大地。

这是一组温暖且动人的数据：从1989年至2021年，平均每天有500多名贫困孩子得到希望工程资助，有2所希望小学落成。希望工程32年锲而不舍地践行一个朴素理想：让每个孩子不再因为贫穷而失去课堂。

30多年来，希望工程架起爱心互助和传递的桥梁，帮助数以百万计像张胜利、苏明娟一样的贫困家庭青少年圆了上学梦，成长为奋斗在祖国建设各条战线上的栋梁之材。

2019年，在希望工程走过30年奋斗路之际，习近平总书记对希望工程提出了新要求：进入新时代，共青团要把希望工程这项事业办得更好，努力为青少年提供新助力、播种新希望。全党全社会要继续关注和支持希望工程，让广大青少年都能充分感受到党的关怀和社会主义大家庭的温暖，努力成长为社会主义建设者和接班人。

少年智则国智，少年强则国强，少年进步则国进步。让青少年健康成长，是国家和民族的未来所系。希望工程将国家、民族和个人的命运紧密联系在了一起，它所改变的不仅仅是无数个“大眼睛”苏明娟的个人命运，也承载和托起了教育强国的梦想和民族复兴的希望。

我们这一代中国青年应勇担使命，用青春、爱心、知识、智慧，努力让更多美丽的“大眼睛”享有公平而有质量的教育，让希望工程继续托起明天的“太阳”。

可下五洋捉鳖

人类对于未知世界的好奇，似乎是与生俱来的一种本能。相比于探索宇宙的一眼万年，探索海洋的难度可以说是寸步千里。

透过观察窗，当眼前的世界从浅蓝到深蓝，从墨蓝到一片漆黑，这是1000米到7020米的距离，也是打开另一个世界大门的钥匙。这把钥匙，就是由中国自行设计、自主集成研制的载人潜水器“蛟龙号”。

美丽的太湖之滨无锡市，中船重工第702研究所就坐落在这，圆满完成7000米海试任务的“蛟龙号”就是在这个所里诞生的。

2012年6月24日，“蛟龙号”下水的那一刻就令世人瞩目。9时7分，“蛟龙号”在西太平洋马里亚纳海沟下潜至7020米，创造了中国载人深潜新纪录，到达了世界同类型载人潜水器的最大下潜深度。

同一天的12时55分，中国“神九”首次手控空间交会对接试验成功。“蛟龙号”潜航员在海底向“神九”送上了祝福，同时收到了来自“神九”的祝贺，演绎了一出完美的“中国海天对话”。一天之内，中国同时诞生了载人航天和载人深潜的新纪录。

“蛟龙号”长8.2米，宽3米，高3.4米，内径为2.1米的球体舱可搭载3人，最大载重量达到240公斤，是中国第一台自主设计、自主集成研制的作业型载人潜水器。

从2002年立项，到2012年6月27日创造下潜7062米的“中国深度”，中国仅用时10年。“蛟龙号”的成功深潜，让我国深海活动能力覆盖世界99%以上的洋底，在我国由海洋大国转变为海洋强国的征程中又迈出了坚实的一步。

截至2019年底，全球潜入7000米以下深海的人，只有11位，其中有8人来自中国，叶聪便是其中一位。

回忆当时的场景，设计师叶聪至今还非常兴奋。他说，能够深度参与到国家科技进步的进程当中，是他人生中最光荣、最幸福的事情。

2001年，叶聪从哈尔滨工程大学船舶工程专业毕业，随即进入中船重工702所工作。

2003年，年仅23岁的叶聪被任命为“蛟龙号”总布置主任设计师。实际上，叶聪不仅亲身参与研制，还在海试时首次驾驶“蛟龙号”，集主任设计师、试航员、首席潜航员于一身。2012年6月24日，叶聪担任“蛟龙号”的首席潜航员。

1000米级海试期间，“蛟龙号”在离开母船后遭遇通信故障，叶聪和母船失联两个小时，真正让他感受到了“沧海一粟”的滋味。

3000米级海试期间，“蛟龙号”在2000米深度出现绝缘故障，按照安全手册操作，就应该立即上浮。但是，叶聪延长实验时间，最终解决了这个故障，为后续试验积累了大量故障数据。

从2009年到2012年这四年期间，“蛟龙号”先后完成了51次下潜，除了遇到突发的险情外，还要承受深海未知、漆黑的环境带来的压力。

作为深潜员，必须通过严格的幽闭心理培训。叶聪诙谐地将其称之为“坐小黑屋”。在这个完全封闭的环境里，不允许睡觉，独自待上12小时以上，稳定的心理素质和处置各种紧急事态的能力决定了下潜的关键，而这一切必须经受反复训练，每次必须完成训练任务。

1965年，毛泽东在重上井冈山时，就表达出中国人民“可上九天揽月，可下五洋捉鳖”的豪情与决心。

为了建设海洋强国，一批又一批有志青年奋战在海洋科技战线上。他们用青春与热血换来了中国海洋科技，特别是载人深潜的世界领先地位的超越性发展与中国海洋事业的伟大成就！

作为一名当代青年，我们一定要发扬“严谨求实、团结协作、拼搏奉献、勇攀高峰”的中国载人深潜精神，心系国家发展与人民幸福，勇敢地肩负起时代赋予的重任，学好知识，提升本领，努力为实现中华民族伟大复兴的“中国梦”贡献自己的智慧与力量！

一场没有硝烟的战斗

2002年12月底，广东民间出现了有关“非典”的传言，一些医院出现了“非典”死亡病例。

2003年2月11日，广东省主要媒体报道了部分地区先后发生“非典”疫情，同日上午，广州市新闻发布会上有关负责人强调：广州会按传染病法公布疫情。然而“非典”的传播速度过快，导致受感染的人越来越多，疫情进入高发期。

伴随着2003年春节期间的人员流动，疫情很快扩散到了全国其他省份。

3月6日，北京发现第一例输入性“非典”病例。3月12日，世界卫生组织发出全球警告，建议隔离治疗疑似病例。三天后，世界卫生组织正式将该病命名为SARS。

一场突如其来的“非典”疫情令中国乃至世界都陷入一场应对突发公共卫生事件的空前挑战中，在党中央的坚强领导下，一场同心协力战“疫”的战争就此打响。

2003年，“非典”疫情在国内部分省份和一部分国家快速蔓延开来，从东南亚到澳大利亚，再到欧洲和北美，一些国家陆续发现多起“非典”病例。

2003 年 4 月 20 日，卫生部宣布，北京累计报告“非典”病例 339 例，另有疑似病例 402 例；5 月 7 日，北京“非典”病例累计突破了 2000 例，成为全国“非典”的重灾区。

在疫情蔓延的同时，党中央、国务院迅速采取有力的措施予以应对。4 月中旬，党和国家领导人视察了广东和北京。4 月 17 日，中央政治局常委会召开会议，部署了一系列应对“非典”疫情的重大措施。几天后，国务院设立了“非典”防治基金，成立全国防治“非典”指挥部。5 月初，制定并下发《突发公共卫生事件应急条例》。一场“非典”防治的人民战争迅速打响。

2003 年 4 月 21 日，北京市决定建立小汤山“非典”定点医院。短短 7 天的时间，经过 6 家企业、500 台施工装备、7000 多名工人不分日夜的投入建设，迅速建成了一座占地 122 亩、总建筑面积 2.5 万平方米、拥有 1000 张病床的国家一级标准传染病医院，让世界见证了中国速度，也见证了中国防治“非典”的决心。

6 月 20 日，最后一批 18 位“非典”治愈患者走出北京小汤山医院，宣告这座全国最大的“非典”收治定点医院在高速运转 51 天后，圆满完成历史使命。7 月 13 日，全球“非典”患者人数、疑似病例人数均不再增长，抗击“非典”之战基本结束。

从成立全国防治“非典”指挥部，到世界卫生组织宣布解除对北京的旅行警告，同时将北京从“非典”疫区名单中排除，仅仅用了两个月时间。这一速度，超乎预期。中国攻坚克难的能力，再次让世界惊叹！

在这场没有硝烟的战场上，医务人员走在了抗击“非典”的最前沿，书写了一个个舍己为人的感人故事。

67 岁的钟南山院士临危受命，出任广东省“非典”医疗救护专家组组长。为了查清病源，每当病人送来时，钟南山都要亲自检查，制定治疗方案。

为了检查病人的口腔，他甚至凑到离病人只有 20 厘米的地方细细观察。他提出“早发现、早诊断、早隔离”以及“合理使用皮质激素、合理使用无创通气、合理防治继发感染”的防治措施，率先摸索出一套有效的防治“非典”的方案。

北大人民医院的丁秀兰，没日没夜地为病人服务。4 月 14 日在与病人的接触中不幸感染。但她时刻未忘自己是一名医务人员，仍然与其他专家探讨病历，详细地将自己的患病感受、病情发展情况记录下来供医护人员参考。遗憾的是，5 月 13 日，她永远地离开了我们。

今天，虽然“非典”已经远去，但历史将永远记住 2003 年的这个春天，因为抗击“非典”的斗争，凝聚了党心、民心、军心，锤炼了“万众一心、众志成城，团结互助、和衷共济，迎难而上、敢于胜利”的伟大抗击非典精神。实践表明，拥有强大精神支柱的中华民族，一定能战胜一切艰难险阻。

海南自贸港

“天涯海角”曾是海南岛千年来的代名词，是偏远蛮荒的标签。如今，它已经成为世界闻名的休闲度假首选之地。伫立于三亚市海滩之上的“天涯”“海角”两方巨石，见证着海南的日新月异。

从1921年共产党员来到琼崖革命根据地撒下革命火种，到2021年自贸港建设一周年，百年时光里，海南实现了从封闭落后的边陲穷岛到开放新高地的历史性巨变，不断打造和亮出一个又一个新的时代名片。

北纬18度线，是地球上一条美丽的纬度线，它将夏威夷、墨西哥城、圣地亚哥等世界度假胜地串联在一起，被称为旅游度假的“黄金纬度”，而北纬18度与中国相遇的地方，就是海南。

新中国成立后，海南岛成为国家重要的国防前线，但是经济文化发展水平与国内许多地区存在差距。

1988年4月13日，七届全国人大一次会议审议通过了关于设立海南省的决定和关于建立海南经济特区的决议，海南迎来巨大的发展机遇。

2018 年 4 月 13 日，在庆祝海南建省办经济特区 30 周年大会上，习近平总书记郑重宣布：党中央决定支持海南全岛建设自由贸易试验区，支持海南逐步探索、稳步推进中国特色自由贸易港建设。吹响了海南新一轮改革开放的冲锋号。

作为进一步深化改革开放的重大举措，2020 年 6 月 1 日《海南自由贸易港建设总体方案》正式公布，拉开了海南自贸港建设大幕，描绘了将海南打造成为我国面向太平洋和印度洋的重要对外开放门户的宏伟蓝图。

自由贸易港是当今世界最高水平的开放形态，是国家划出一定区域允许境外货物、资金，或外方交通运输工具自由进出的港区。从地理范畴来说，是在一国或地区境内，但从行政监管来看，则是在海关管理关卡之外。

“一线”放开，是指境外及区内的货物可以不受海关监管自由出入境，即自贸港与境外实现货物、资金和人员等要素自由流动。

“二线”安全高效管理，自贸港境内其他区域之间的进出货物，实行物联网、云计算、大数据、人工智能和区块链等智能化卡口、电子信息联网管理模式，最大限度实现安全高效的管理，具有零关税、低税率、简税制等特点。

“最短”的外商投资负面清单、“最低”的企业税负，自贸港两项政策在全国独一无二，吸引投资者纷至沓来。

截至 2020 年底，海南省 11 个重点园区注册企业达 3.82 万家；2020 年全年实现营收 4665.34 亿元，实现税收收入 395.38 亿元，以不到全省 2% 的土地面积，贡献了全省 35.7 % 的税收。

筑巢来金凤，大气引名流。一流的开放形态，会孕育出更多经济的新业态、新模式，也会吸引更多的年轻人积极投身其中。

毕业于复旦大学，曾在海外和国内大城市工作过的陈斌，就是一名“新闯海人”和“自贸港人”。他选择将最好的年华留给海南自贸港，成为江东新区一名主抓金融产业的招商经理。

陈斌只是新“流入”海南的数十万人之一。在高端紧缺型人才个人所得税享受最高 15 % 税负等政策吸引下，越来越多人成为“新闯海人”。自 2018 年 4 月至 2021 年 4 月，海南共引进各类人才 23.3 万多人。

海南建设中国特色自由贸易港及配套政策制度体系，是习近平总书记亲自谋划、亲自部署、亲自推动的改革开放重大举措，也是一个国家战略，是深化改革的桥头堡和标杆。海南自贸港正成为我国新一轮对外开放版图中的“顶级流量”。

海南自贸港建设的实践，充分证明了中国开放的大门不会关闭，只会越开越大，也更加证明了海南自贸港建设和中国的改革发展是全世界的机遇。每一个投身海南自贸港建设的年轻人，都要将自身发展和国家需求紧密结合，解放思想、大胆创新，忘我付出、久久为功，做出自己应有的贡献，共同建设海南自贸港的新辉煌。

百年恰是风华正茂

1921—2021 年，一百年风雨兼程，一世纪沧桑巨变。历史的事实证明了没有共产党，就没有新中国。

从石库门到天安门，从兴业路到复兴路，从小小红船到巍巍巨轮，中国共产党走过苦难辉煌的过去，走在日新月异的现在，走向光明宏大的未来。在百年接续奋斗中，中国共产党团结带领人民开辟了伟大道路，建立了伟大功业，铸就了伟大精神，积累了宝贵经验，创造了中华民族发展史、人类社会进步史上令人刮目相看的奇迹。

坐落在北京市朝阳区北辰东路9号的中国共产党历史展览馆，馆内展示着中国共产党百年的苦难辉煌，也承载着中国共产党的百年初心和使命。

走进展览馆，人们能够感受百年前毛泽东“问苍茫大地，谁主沉浮？”的思考和今天习近平总书记“百年恰是风华正茂”的自信。

1921 年 7 月 23 日，中国共产党第一次全国代表大会在上海兴业路的一栋石库门老房子里召开，13 名与会党员代表着全国 53 名党员，宣告了一个政党的诞生，也宣示了一个时代的开始。

据中共中央组织部统计数据，截至 2021 年 6 月 5 日，中国共产党党员总数为 9514.8 万名，党的基层组织总数为 486.4 万个。

一百年来，中国共产党在黑暗中诞生，在苦难中成长，在挫折中奋起，在奋斗中壮大，从一个只有 50 多名党员的组织，发展成为世界上最大的马克思主义执政党，让山河破碎的中国走向强盛，让备受屈辱的民族走近世界舞台中央。

推翻旧制度，人民当家做主人。领路的正是不忘初心、牢记使命的中国共产党。从石库门到天安门，从兴业路到复兴路，一艘小小红船越过急流险滩，穿过惊涛骇浪，成为领航中国行稳致远的巍巍巨轮。

江山就是人民，人民就是江山。

坚持以人民为中心，始终保持党同人民群众的血肉联系，我们党就有了战胜一切艰难险阻的力量源泉，就能得到广大人民群众最坚定的支持。

淮海战役打响后，山东、河南等地的百姓纷纷响应党中央支前号召，解放区共出动民工 543 万人，大小车辆 88 万余辆，挑子、担架 50 余万副，牲畜 76 万余头。与此同时，在纵横 5 省的战场上，老百姓建起了一张庞大的支前保障网。正因为得到人民群众的全力支援，我军仅用 60 余天便解放了长江中下游以北广大地区。陈毅发出感叹："淮海战役的胜利，是人民群众用小推车推出来的！"

从“杀出一条血路”到“闯出一条新路”，改革开放举世瞩目，中国快速成为世界第二大经济体；脱贫攻坚战取得全面胜利，千年小康梦照进现实。久经磨难的中华民族迎来了从站起来、富起来到强起来的伟大飞跃，迎来了实现中华民族伟大复兴的光明前景。

1840年鸦片战争后，中国逐步失去海关自主权。上海海关大楼上大钟的报时钟声曾长期是英国《威斯敏斯特》旋律。大钟每走一小时，按《辛丑条约》，中国要向列强赔款2800多两白银……

今天，黄浦江对岸的东方明珠、金茂大厦等建筑鳞次栉比，《东方红》旋律的钟声应和着中国强劲的脉搏——每一小时，创造约116亿元GDP，约37亿元货物进出国门……

100多年前，京张铁路设计者詹天佑，曾有“引以为耻”的憾事：虽然铁路的设计建造由中国人完成，但主要部件甚至铁钉都是从国外进口。

如今，中国自主设计建造、开智能铁路先河的京张高铁穿越于崇山峻岭间，具有完全自主知识产权的复兴号动车组飞驰而过，勾勒出百年中国的追梦轨迹。

百年征程波澜壮阔，百年初心历久弥坚。

今天，中国共产党已经写就百年的史诗，并把成立一百周年作为“一个新的征程的起点”，奔向又一个百年奋斗目标——

到2035年，基本实现社会主义现代化；

到21世纪中叶，把我国建成富强民主文明和谐美丽的社会主义现代化强国。

回望过去，我们党把辉煌写在了历史深处；展望未来，民族复兴前景光明，更光辉的篇章等待我们新时代的青年去书写。

对历史最好的纪念，就是创造新的历史。不忘初心，将初心变为恒心；牢记使命，把使命视作生命。这样的政党，必将永远年轻。这个拥有超过 9500 万党员的世界上最大的执政党必将以更加强大的领导力、号召力、凝聚力和战斗力，永立潮头、接续奋斗，从胜利走向新的胜利。

中国人民从此站起来了

春节，一般从大年三十至农历正月十五，又叫阴历年，俗称“过年”。千百年来，春节一直是中国民间最隆重、最热闹的一个传统节日。它意味着除旧布新、迎喜接福，寄托了人们的美好祝愿，更象征着兴旺、团圆和希望。

然而，并非每个家庭在春节都能团圆，不得已的情况下，有些家庭只能依靠“见字如面”的家书传递亲情。

1949 年 2 月，一位名叫宋云亮的解放军战士在写给未婚妻的平安家书里，他用喜悦而又朴实的话语，向心爱的人描述刚刚迎来和平解放的北平：“北平可真热闹，街上有电车，有稠密的行人，有很多的商店，来往的汽车真比驮粮的小毛驴还多呢！”

1949 年的 2 月 13 日，农历正月十六，宋云亮所在的部队受邀进城参观。这是宋云亮第一次来到北平，一天下来，丰富多彩的活动和见闻使他彻夜难眠。今天，当我们再一次翻看宋云亮写给未婚妻的平安家书时，依然能感受到那个改天换地的巨变时代的人们饱满的精神状态。

1949 年 1 月 31 日，中国人民解放军进入北平，北平和平解放。当年 3 月 5 日，党的七届二中全会在西柏坡中央办公大院正式召开。这次会议为新中国的建立奠定了基础，描绘了新中国的宏伟蓝图。会议结束后的第十天，毛泽东等中共领导离开西柏坡前往北平。这也意味着，经过 28 年艰苦卓绝的奋斗，中国共产党和中国人民梦寐以求的伟大理想——建立一个新中国，终于迎来了即将实现的一刻。

9 月 21 日，中国人民政治协商会议第一届全体会议在中南海怀仁堂隆重开幕，出席会议的代表 662 人。会议通过了《中国人民政治协商会议共同纲领》，选举中华人民共和国中央人民政府委员会，选举毛泽东为中央人民政府主席，同时决定，中华人民共和国的首都定于北平，将北平改为北京。

中国人民政治协商会议的召开，是中国共产党领导的中国革命民族统一战线的伟大胜利，中国的历史从此开辟了一个新的时代。始建于明永乐十五年（1417）的天安门，在 500 多年后，见证了历史在这里书写的崭新篇章。

1949 年 10 月 1 日，在北京的大街小巷，人们激动着、欢笑着，成群结队涌向修葺一新的天安门广场；天安门广场红旗招展，从四面八方赶来的 30 万军民，热情高涨地等待着开国大典开始的伟大历史时刻。

下午 3 时，晴空万里，毛泽东和其他国家领导人一起，登上了天安门城楼，顿时，掌声雷动，欢呼如潮。

“中华人民共和国中央人民政府，今天成立了！”毛泽东洪亮的湘音如同春雷，穿过高山，越过海洋，向全中国、全世界庄严宣告新中国的诞生。在响彻云霄的《义勇军进行曲》中，毛泽东按动电钮，第一面五星红旗缓缓升起，迎风飘扬。

这是一个永远载入中国共产党和新中国史册的光辉时刻——中华人民共和国成立了，中国人民从此站起来了！这一伟大事件，彻底改变了近代以后100多年中国积贫积弱、受人欺凌的悲惨命运，在中国共产党领导下，中华人民共和国以独立自主的姿态，昂然屹立在世界东方，中华民族走上了实现伟大复兴的壮阔道路。

新中国成立72年，中国共产党成立恰是百年。

2021年7月1日，通过广播、电视、网络直播，世界人民看到了这样一幕：花团锦簇、旌旗飘扬，各界代表7万余人齐聚天安门广场，以盛大仪式欢庆中国共产党百年华诞，习近平总书记在天安门城楼上振臂高呼“伟大、光荣、正确的中国共产党万岁！”“伟大、光荣、英雄的中国人民万岁！”

这一刻，见证中华民族从站起来、富起来到强起来的伟大飞跃；

这一刻，浓缩百年奋斗历程、铺展复兴光明前景；

这一刻，我们可以告慰先辈，今日中国，正是你们期盼的未来。

面对如同日月星辰般璀璨的美好未来，新时代的中国青年该有怎样的担当和作为？在庆祝中国共产党成立100周年大会上，1000多名青年学子以最饱满的激情，代表亿万中国青少年，坚定地向党发出了青春的誓言：“请党放心，强国有我！”丹心闪耀，誓言铿锵，新征程的集结号已经吹响。

把一切献给党

他是新四军兵工事业的创建者和新中国兵器工业的开拓者。

他是新中国第一代工人作家，他写的自传小说《把一切献给党》，鼓舞了一代代青年人。他被誉为“中国的保尔·柯察金”，苏联人民在莫斯科高尔基大街14号为他建立了“中国保尔纪念馆”。

他用生命践行了对党的铮铮誓言，书写了一曲催人泪下、激人奋进的时代赞歌。

他就是中华人民共和国兵器制造专家吴运铎。

位于武汉市蔡甸区国防教育园内的吴运铎纪念馆占地面积不大，但每天来这里参观的人络绎不绝。吴运铎是中国兵器工业的功臣，被誉为“中国的保尔·柯察金”。

吴运铎，祖籍湖北武汉，1917年生于江西萍乡，早年曾在安源煤矿当工人。1938年参加新四军，1939年加入中国共产党。在抗日战争和解放战争中历任新四军司令部修械所车间主任、淮南抗日根据地子弹厂厂长、军工部副部长、华中军工处炮弹厂厂长、大连联合兵工企业引信厂厂长等。

1940 年底，新四军接到指令，向长江以北转移。在修械所准备转移的时候，吴运铎的脚踝被发动机摇把砸伤，伤口化脓。接到建立子弹工厂任务的当天，吴运铎顾不上脚伤，连夜带领工人赶到位于苏皖边界的小朱庄。

偏僻的小村庄里，没有设备，也没有原料，一切都要从零开始。他们到处打探，终于找到一批国民党遗留下来的废弃钢材。这成了造子弹的重要原材料。

“我们多流一滴汗，战士少流一滴血。”在吴运铎和工友们的努力下，一箱箱子弹源源不断地输送到前线。

子弹厂投入生产不久，新的任务又来了。一批从日军手里缴获的报废迫击炮弹送到了厂里。军部指令吴运铎要尽一切可能，修好这批炮弹。

修复迫击炮弹，对吴运铎来说，是一个崭新的课题。通过拆解炮弹，吴运铎找出了修复这批炮弹的关键难点：从旧炮弹中拆卸雷管，提取雷汞。

雷汞是装填于雷管中的烈性炸药，哪怕受到轻微的摩擦、撞击或加热，它都会发生爆炸。

吴运铎说：“我是共产党员，又是厂长，在关键时刻，我不上谁上？”

就在他小心翼翼地从雷管当中提取雷汞的时候，意外还是发生了，雷管爆炸了。吴运铎四个手指被炸断，大拇指被炸去了一半，左腿膝盖被炸开，露出膝盖骨，左眼几近失明，昏迷不醒15 天。疗养一段时间后，他又投入工作。在他的指挥下，第一批迫击炮弹终于修复成功，运往抗战前线。

1947 年夏，解放战争开始转入战略进攻阶段。吴运铎受命赶赴大连，参与建设炮弹引信厂。在研制新炮弹的试验中，吴运铎再次受伤，左手被炸断，右腿被炸残，右眼也被炸伤。在医院的病床上，首长要他多休息，但吴运铎说："只要我活着一天，我一定为党、为人民工作一天。"经过反复试验，他终于研制出了新的引信和炮弹。

1951 年 10 月，中央人民政府政务院和全国总工会授予吴运铎"全国劳动模范"称号，并邀请他到北京参加国庆观礼。

10 月 5 日，《人民日报》发表长篇报道《钢铁是这样炼成的——介绍中国的保尔·柯察金兵工功臣吴运铎》，他的名字迅速传遍了祖国大地。

新中国成立后，党组织送他到苏联治病。经过精心治疗，他的左眼重见光明。他根据自己的成长、战斗经历，写成自述体小说《把一切献给党》。该书不仅在我国多次再版，影响了几代人，而且被译成多种文字，在国外也广为流传。回国后，吴运铎在担任中南兵工局副局长等职务期间，主持多项兵器科研工作，为国家培养了大批军工人才，为国防现代化和改善部队装备作出了重要贡献。

2009 年，吴运铎入选"100 位为新中国成立作出突出贡献的英雄模范人物"。2019 年，被追认获得"最美奋斗者"称号。

"一个人的生命是短暂的，而我们的事业无限长久。个人总会遇到很多不幸、许多痛苦，但是只要我的劳动融合到集体的胜利里，那幸福也就有我一份。”

“即使我变成一撮泥土，只要是铺在通往共产主义的道路上，让我的伙伴们大踏步地走过去，那也是莫大的幸福。”

这些都是吴运铎的名言，他用一生践行着自己“把一切献给党”的铮铮誓言，激励着我们青年要用忠诚和坚强书写自己的人生，为实现中华民族伟大复兴的中国梦贡献自己的力量。

欲上青天揽明月

2003年10月15日，是中华民族千年飞天梦圆之日。

在酒泉卫星发射中心，杨利伟乘坐“神舟五号”载人飞船冲向太空，亿万中华儿女仰望天空，动情欢呼。从此，被誉为火箭故乡的中国，成为世界上第三个能够独立开展载人航天活动的国家。

当天早晨，托举着“神舟五号”载人飞船的“长征二号F型”火箭，静静地矗立在高耸的发射塔架上等待发射。8时59分，0号指挥员下达了“1分钟准备”的口令。

指挥大厅里传出了清晰的口令：10，9，8，7，6，……万众屏息之际，杨利伟出现在屏幕上，向大家敬了一个标准的军礼，全场顿时掌声雷动。

“点火！”随着一声命令下达，“神舟五号”在轰然云烟中直冲云霄，渐渐飞入太空。在太空轨道运行了14圈，历时21时23分之后，其返回舱完好无损，于16日6时23分成功着陆在内蒙古主着陆场，杨利伟自主出舱，成功完成了我国首次载人航天飞行。

在成功与欢呼背后，中国航天人已为这一天奋斗多年。1998年1月5日，是中国人民解放军航天员大队的诞生日。14位预备航天员历经严格选拔，组建成我国历史上第一个正式航天员大队。他们面对五星红旗庄严宣誓："……英勇无畏，无私奉献，不怕牺牲，甘愿为载人航天事业奋斗终生。"

宣誓完毕的杨利伟，非常自豪地加入了中国的第一批预备航天员队伍。为飞往太空，他开始了对航天环境的适应性训练。"超重耐力""转椅""头低位"等一系列训练难关在前，"飞船模拟器"成了杨利伟的"家"，他反复演练，把座舱里所有仪表、电门的位置记得一清二楚，对操作手册倒背如流。

正是凭着对航天事业的热爱与执着，杨利伟以一流成绩，从"预备航天员"变成了正式的航天员。而飞天之路上的艰难与挑战，甚至包括面对生死考验。

奔赴酒泉卫星发射中心前，杨利伟特意回了一趟家。他拿起闹钟对妻子说："我走了，你不会调钟，我教教你吧！"杨利伟说得很随意，妻子一把抢过闹钟，坚决地说："不，等你回来给我调！"

后来，杨利伟在《天地九重》一书中也回忆了太空飞行中的一个惊险瞬间。他说："在火箭上升到三四十公里的高度时，火箭和飞船开始急剧抖动，产生了共振。这让我感到非常痛苦。"

"共振以曲线形式变化着，痛苦的感觉越来越强烈，五脏六腑似乎都要碎了，我几乎难以承受，觉得自己快不行了。"

“共振持续26秒后，慢慢减轻。我从极度难受的状态解脱出来，一切不适都不见了，感到一种从未有过的轻松和舒服，如释千斤重负，如同一次重生，我甚至觉得这个过程很耐人寻味。但在痛苦的极点，就在刚才短短一刹那，我真的以为自己要牺牲了。”

回来后，杨利伟详细地描述了这个切身体会到的过程，之后相关研究人员研究并改进了技术工艺。等到“神舟六号”飞行时，这个问题得到了很好的改善。在“神舟七号”之后的飞行中，再没有出现过这种情况。

2016年首个“中国航天日”，习近平总书记作出重要指示：“探索浩瀚宇宙，发展航天事业，建设航天强国，是我们不懈追求的航天梦。”

对于中国航天人来说，每一个里程碑式的突破，都是一个新的起点。今天，像杨利伟一样的中国航天人，又踏上了新的征程，探索无边宇宙。在浩瀚的宇宙里，热爱和平、热爱宇宙的中国航天人，正在用他们的信念和汗水，描绘一幅宏大的飞天揽月图景。作为新时代的青年，也要发扬特别能吃苦、特别能战斗、特别能攻关、特别能奉献的载人航天精神，肩负使命，不负韶华，为实现伟大的中国梦而努力奋斗！

中国的“朋友圈”

2015 年 12 月 25 日，北京金融大街，由中国倡议发起的亚洲基础设施投资银行（亚投行）正式成立，包括英国、法国、俄罗斯、印度等大国的创始成员国就达 57 个。

这年的 12 月 31 日，中国国家主席习近平发表 2016 年新年贺词。当讲到中国和世界的关系时，用到了时下火热的一个网络词语——“朋友圈”。中国将永远向世界敞开怀抱，也将尽己所能向面临困境的人们伸出援手，让我们的“朋友圈”越来越大。

截至 2020 年 7 月，亚投行正式成员国已经达到 103 个。这是近年来中国参与国际事务与活动的一个缩影。中国的“朋友圈”越来越大，中国提出的构建人类命运共同体的伟大倡议，得到了联合国和许多国家的认同，成为影响全球发展方向的重要理念。

面对世界百年未有之大变局，党的十八大报告首次提出了人类命运共同体的概念，倡导人类命运共同体意识。

2013 年 3 月 23 日，习近平主席在莫斯科国际关系学院的演讲中，首次在国际社会提到“命运共同体”。此后，在许多重要国际场合，他多次反复倡导构建人类命运共同体。其核心就是“建设持久和平、普遍安全、共同繁荣、开放包容、清洁美丽的世界”。着重从政治、安全、经济、文化、生态等五个方面推动构建人类命运共同体。

也就是在2013年这一年，习近平主席先后提出共建“丝绸之路经济带”和“21世纪海上丝绸之路”的重大倡议，提出打造“一带一路”命运共同体，出资400亿美元成立丝路基金，出资近300亿美元发起成立亚洲基础设施投资银行，推动互联互通建设，支持“一带一路”沿线国家互利合作。

这些举措彰显了中国构建人类命运共同体的决心和推动人类发展的大国责任。

进入新时代以来，中国正是秉持这一理念，通过持续扩大开放，使中国的朋友越来越多，“朋友圈”越来越大。

截至2021年12月，中国已同181个国家建立外交关系，同112个国家和国际组织建立不同形式的伙伴关系，全球伙伴关系网络越织越密。中国提出的“一带一路”倡议，已经得到了170多个国家和国际组织的积极响应和参与。

中国不仅是构建人类命运共同体的倡议者、推动者，更是实践者。从和平共处五项原则，到和平与发展两大主题，再到推动构建人类命运共同体，中国坚定不移走和平发展道路的基本原则和价值取向在继承中发展，在发展中创新。

“中国人民张开双臂欢迎各国人民搭乘中国发展的‘快车’、

‘便车’”，中国发展带给世界的是机遇，为世界经济全面可持续增长提供新动力，为持久的世界和平提供新保障，也为全球治理提供可参照的中国方案。

构建人类命运共同体思想顺应了历史潮流，回应了时代要求，凝聚了各国共识，为人类社会实现共同发展、持续繁荣、长治久安绘制了蓝图，对中国的和平发展、世界的繁荣进步都有着重大和深远的新时代意义。

青年是未来社会的主体，是推动社会进步的重要力量。今天的大学校园中，来自世界各国的留学生越来越多，中外青年在互学互鉴中增进了解、收获友谊、共同成长，为推动构建人类命运共同体贡献青春力量。

作为新时代的青年，面对时代赋予的伟大使命，应当以更加广阔的胸怀、更坚实的行动，向全世界展示中国青年的良好形象和青春风采，与世界青年朋友一道，坚持人类命运共同体理念，同心协力、守望相助，在推动构建人类命运共同体中贡献青春力量，把世界建设得更加和谐、更加幸福、更加美好。

凝聚民族复兴的伟大力量

社会主义核心价值观看似简单的24个字，却诠释了什么是近代以来中国人的最大梦想，那就是建设一个富强、民主、文明、和谐，自由、平等、公正、法治，爱国、敬业、诚信、友善的社会主义现代化国家。

24个字，字字珠玑，内涵丰富。它包含国家、社会、个人三个层面，国家层面包括："富强、民主、文明、和谐"；社会层面包括："自由、平等、公正、法治"；个人层面包括："爱国、敬业、诚信、友善"。

社会主义核心价值观的精神内涵，是当代中国人民最广泛的价值共识，这个共同的价值理念，形成了一条最坚实的精神纽带。

在党的十九大报告中，习近平总书记强调指出：培育和践行社会主义核心价值观。社会主义核心价值观是当代中国精神的集中体现，凝结着全体人民共同的价值追求。要以培养担当民族复兴大任的时代新人为着眼点，强化教育引导、实践养成、制度保障，发挥社会主义核心价值观对国民教育、精神文明创建、精神文化产品创作生产传播的引领作用，把社会主义核心价值观融入社会发展各方面，转化为人们的情感认同和行为习惯。

当今世界，思想文化交流日益频繁，文化交融交锋、价值观较量形势严峻。党的十八大明确提出“三个倡导”，在多元中立主导，在多样中谋共识，在多变中定方向，发掘和培育社会主义核心价值观，亮出自己的精神旗帜，有助于引领整合多样化社会思潮，把不同阶层、不同认识水平的人团结和凝聚起来，积极培育和践行社会主义核心价值观，扩大主流价值观念的影响力，提高国家文化软实力，推进国家治理体系和治理能力现代化，加快构建充分反映中国特色、民族特性、时代特征的价值体系，引导人们坚定不移地走中国道路，凝聚起实现中华民族伟大复兴的中国力量。

高校，是青年健康成长的重要平台，也是践行社会主义核心价值观、培养社会主义事业接班人的主阵地。

中南大学马克思主义学院院长王翔说道：“青年一代有理想、有本领、有担当，国家就有前途，民族就有希望。我们一直致力于把社会主义核心价值观要求体现到高等教育的方方面面，牢固树立‘立德树人’根本宗旨，引导广大青年坚定理想信念、志存高远、脚踏实地，勇做时代的弄潮儿，成为合格的社会主义建设者和可靠的接班人。”

弘扬主旋律，传播正能量。新闻媒体是传播社会主流价值观的主渠道。主流新闻媒体要把社会主义核心价值观贯穿到日常形势宣传、成就宣传、主题宣传、典型宣传、热点引导和舆论监督中，不断巩固壮大积极健康向上的主流思想舆论。适应网络新媒体快速发展形势，运用网络传播规律，多创作适宜新兴媒体传播、格调健康的网络文化作品，用正面声音和先进文化占领网络阵地。

先进模范人物是社会主义核心价值观的优秀践行者，充分发挥先进典型的模范带头作用，是大力培育和践行社会主义核心价值观的有力抓手。

榜样的力量是无穷的。这些年，通过全国道德模范人物、中国好人榜、时代楷模、感动中国人物等的评选、推介和宣传，社会正能量大大提升，社会主义核心价值观通过老百姓身边一个个鲜活、生动的榜样形象深入人们的内心深处。

青年是祖国的未来，肩负着中华民族伟大复兴的光荣使命。我们当代青年要努力把社会主义核心价值观的要求变成日常的行为准则，进而形成自觉奉行的理念，坚定理想信念，厚植爱国情怀，加强道德修养，培养奋斗精神，做社会主义核心价值观的积极践行者、传播者。

绿水青山就是金山银山

走在苍翠连绵、草木繁茂的林海之中，置身在绚丽多彩的云的故乡、花的世界、林的海洋，你会发现在塞罕坝，人与自然原来可以如此和谐。

作为世界上最大的人工森林，塞罕坝紧紧地扼守在内蒙古浑善达克沙地的南缘，是捍卫首都北京的一道生态屏障。很难想象，半个多世纪前这里竟是人迹罕至的荒漠。历史上的塞罕坝，水草丰美、森林茂密，是清代皇家猎苑“木兰围场”的重要组成部分。可因多年过度垦伐和连年的战争，到新中国成立初期，塞罕坝变成了莽莽荒原。这里扬起的沙尘暴，影响着华北和京津地区的生产生活。

为治理风沙，1962 年 2 月，塞罕坝机械林场成立。9 月，一支由平均年龄不到 24 岁的 369 人组成的造林大军，响应党和国家号召，在塞罕坝莽莽荒原上立下了“向荒山要树，还我森林”的青春誓言。

第一代塞罕坝人，他们不畏艰难困苦，啃窝头、喝雪水、住马架、睡窝棚、钻地窖。建场第二年，抗战时期担任过游击队长的王尚海，带着技术人员仔细研究残存的落叶松，发明了一种全光育苗法，可以让树苗集体抗逆，抵御恶劣气候的摧残，大大提高了树苗的成活率。为此，1964 年林场开展“马蹄坑大会战”，开创了中国高寒地区机械栽植落叶松的先河。看到落叶松慢慢长大，王尚海曾经跪在山坡上号啕大哭。

在大家的记忆中，王尚海还哭过一次，那是他的小儿子发高烧，由于大雪封山，坝上缺医少药，孩子的病转成了小儿麻痹症。

1989 年，病重的王尚海最后喊出的三个字就是：“塞……罕……坝……”今天，伴他长眠的那片落叶松林，被称为“王尚海纪念林”。

年轻的防火员陆建是塞罕坝的第三代护林人，他爷爷是第一代林场人，爸爸是第二代林场人。对于这片林子，全家都有很深的感情。

如今，他也像他的祖父、父亲一样，立志扎根在塞罕坝，守护好这里的一草一木。他说：“守护好这片林子，就是守护好祖辈和父辈的心愿，就是守护好自己的家。”从植林人到护林人，这是塞罕坝三代人的青春接力，也是塞罕坝 60 年发展历程的一个缩影。

六十载寒来暑往，塞罕坝三代护林人始终牢记修复生态、保护生态的历史使命，把个人理想、事业追求与国家需要紧密结合起来，“献了青春献终身，献了终身献子孙”。

以王尚海为代表的塞罕坝人一代接着一代用青春和汗水在茫茫荒原浇灌起 112 万亩世界最大人工林，打造了青山绿水、绿树成荫的美丽家园。

如今的塞罕坝，走出了生态效益与经济效益、社会效益并重的绿色发展之路。

塞罕坝的森林生态系统，持续不断地涵养水源、净化水质、释放氧气。据测算，塞罕坝林场森林资源总价值达到206亿元。

林场每年吸引游客50多万人次，实现门票收入4400多万元，林场苗木、森林旅游等相关产业每年带动当地实现社会总收入6亿多元。

这片绿色奇迹谱写了人类改造大自然的壮美诗篇，深刻诠释了“绿水青山就是金山银山”。

2017年8月习近平总书记指出，55年来，塞罕坝林场的建设者们用实际行动诠释了绿水青山就是金山银山的理念，铸就了牢记使命、艰苦创业、绿色发展的塞罕坝精神。

因为他们取得的巨大成就，林场建设者们2017年获得了联合国颁发的“地球卫士奖”，2019年9月还获得了“最美奋斗者”荣誉称号。

塞罕坝人种下的不仅仅是一棵树，更是一种信念、一种精神，造就的不仅仅是一座“美丽高岭”，也是一张诠释“绿水青山就是金山银山”的“精美名片”，更是一座谱写青春赞歌的“精神高地”。

作为新时代的青年，就要以习近平总书记提出的“绿水青山就是金山银山”理论为指导，积极投身到建设美丽中国的热潮中去，努力使建设绿色、保护绿色成为一种生活方式，让绿色中国成为最动人的色彩！

春泥不语，花季永恒

她研究生毕业，却放弃在大城市工作的机会，毅然回到家乡支援建设。

她扎根基层，反哺家乡，在带领村民脱贫攻坚的 1 年 2 个月 20 天里，用美好青春诠释了共产党人的初心使命，谱写了新时代的青春之歌。

2021 年 2 月 25 日，在全国脱贫攻坚总结表彰大会上，习近平总书记这样评价她：回乡奉献、谱写新时代青春之歌。

她就是广西百色扶贫驻村书记——黄文秀。

盛夏的百坭村，漫山苍翠，鸟鸣阵阵。在一块驻村工作队去向牌上，黄文秀的名字那一栏，是“请假”。她 2019 年因公殉职时，年仅 30 岁。村民们一直用这样的方式纪念她。

“80 后”的黄文秀，2016 年于北京师范大学硕士毕业后，作为优秀选调生分配到百色市委宣传部工作。这是一份大家都十分羡慕的工作。

2018 年 3 月，她响应组织号召到百坭村任第一书记。有同学问过她，为什么要放弃大城市工作的机会，回到贫穷的家乡？她回答：“很多人从农村走了出去就不想再回去了，但总是要有人回来的，我就是要回来的人。”

石山林立的百坭村是深度贫困村，全村472户中有195户贫困户。为了能尽快进入工作状态，出发前的黄文秀总是往有驻村经历的同事那里跑，请教工作经验和方法。

初到村里，黄文秀还是碰了“钉子”。“我们这里穷了那么多年，真的能脱贫吗？”“你一个女娃，能行吗？”……一些村民议论纷纷。黄文秀走村串户访问贫困户，有的村民甚至不让她进门，好不容易进去了，打开笔记本想记录点什么，群众却不愿多说。

黄文秀在文章中写道：“但我没有失去信心，想起了那句话——‘让扶过贫的人像战争年代打过仗的人那样自豪’，长征的战士死都不怕，这点困难怎么能限制我继续前行。”为此，她周末不回家，到村里走访，绘制了村里的“贫困户分布图”，详细记下每一户的住址、家庭情况、致贫原因等。

为了提高工作效率，她将贷款买的私家车开到村里当工作车用。2019年3月26日，黄文秀驻村满一年，汽车仪表盘的里程数正好增加了两万五千公里，当天她发了一个微信朋友圈：“我心中的长征！”

经过一年多的锻炼，黄文秀从“扶贫新手”转变为群众最信赖的人。在她的带领下，百坭村道路通了，产业旺了，用水方便了，电商服务站建立起来了，山上果实累累，村容村貌焕然一新。

到2018年底，她带领全村88户417人实现脱贫，贫困发生率从22.88%下降到2.71%，实现了贫困户户户有致富门路，村集体经济项目收入翻倍。

2019年6月15日，黄文秀回家探望生病的父亲，气象台预报晚上会有暴雨，想到村里可能会受灾，她决定连夜赶回。面对父亲的挽留，黄文秀叮嘱了一句“按时吃药”便启程回村。谁也没想到，这竟成了黄文秀留给父亲的最后一句话。

百色市通往乐业县的山路被突如其来的山洪淹没了。电闪雷鸣，暴雨倾盆，车窗上的雨刮高频地刮动，车灯下却看不清前行的路，只有滚滚洪水从眼前涌过……从黄文秀最后用手机拍下的画面中可以看到当时的情景是何等危险，她被困洪水，进退两难。最终黄文秀不幸遇难，年仅30岁。

黄文秀牺牲后，被追授“时代楷模”“全国三八红旗手”“全国脱贫攻坚模范”等荣誉称号。

时代造就英雄，伟大来自平凡。回望黄文秀的人生轨迹，我们可以深刻地感受到：正因为她的心中有对党忠诚、为民服务的信仰，她的脚下才会有事不畏难、行者恒至的奋斗力量；正因为她的肩上有青春中国、强国有我的担当，她的心中才会有善作善为、不怕牺牲的精神图腾。作为新时代的青年，我们要像黄文秀一样不忘初心、牢记使命、勇于担当、甘于奉献，“以青春之我贡献青春之国家、青春之民族”，在新时代的长征路上接续奋斗！

战“疫”中的青春答卷

2020年农历春节，一场突如其来的疫情，牵动着亿万人的心。

生命重如泰山，疫情就是命令，无数青年逆行者选择奔赴一线，打响了疫情防控阻击战。

中南大学湘雅二医院主治医师张鸿：“在这一刻，我是一定要上的。”

中南大学湘雅二医院重症医学科护师周俊良：“理应身先士卒。”

中建五局三公司安装分公司材料员代春燕：“还不如让我去。”

邵阳市中心医院120急救中心主管护师海磊：“首战用我，用我必胜。”

中建五局志愿者黄振华：“报告首长，黄振华请求参战。”

战“疫”打响，有一群人在与时间赛跑。

白岩松：“我们在这过年，你们却在帮我们过关。”

中南大学湘雅二医院重症医学科主任医师余波：“这个是我义不容辞的一个责任。”

中南大学湘雅二医院老年呼吸科护师胡浪：“所以我觉得我有必要去前线。”

在人民需要时冲锋在前，用热血的青春和蓬勃的力量，舍生忘死，担当大任。他们是——中国青年。

在这次抗击疫情的斗争中，全国各地有4.2万多名医护人员驰援湖北，其中1.2万多名是“90后”。

也就是说，当国家需要时，年轻的“90后”一代，第一时间同前辈们站在了一起，直面疫魔，无惧生死。

李佳宁，中南大学湘雅二医院援鄂医疗队“90后”党员中的一分子，这次经历可以说是她进入工作岗位的第一场“大考”。

2020年1月27日（大年初三）晚，中南大学湘雅二医院第一批援鄂医疗队集合，准备奔赴武汉开展新冠肺炎疫情救治工作。

2月6日晚上，她得知自己申请通过，成为援鄂医疗队队员，便以最快的时间收拾行李和家人告别，和其他队员集合，奔赴武汉，这其实对很多“90后”“00后”医护人员来说都是第一次。

他们长时间穿戴着不透气的防护服、医用手套和口罩，浑身湿透，双手被汗水浸得褶皱惨白，脸上留下“毁容”般的压痕，鼻梁被压出水泡；摘掉起雾的护目镜，把自己暴露在病毒里，给生死一线的病人插管；为减少防护服的更换，一天都不敢喝水；长时间站立，回到住处双腿直打哆嗦；为降低梳洗时间，爱美的年轻女性纷纷剪短长发……

面对来势凶猛、涉及面广、传染速度极快的疫情，这些医护人员坚决果断地用自己的一腔热血、用责任与担当凝聚成了中国疫情防控的主力军与生力军。

“穿上防护服，我就不是孩子了。”

“2003 年‘非典’你们保护我，17 年后我来守护你们。”

在与疫魔赛跑的每一天，广大青年不畏艰险、冲锋在前、舍生忘死，彰显了青春的蓬勃力量，交出了合格答卷。

一代人有一代人的使命，一代人有一代人的担当。

作为新时代的青年，重要的不是“几零后”，而是“努力后”“奋斗后”，让青春在党和国家最需要的地方绽放，这才是实现人生价值最好的途径。

乡村振兴

2021年2月25日16时，北京市朝阳区太阳宫北街1号，“国家乡村振兴局”的牌子正式挂出，取代存在了35年的“国务院扶贫开发领导小组办公室”的牌子。

国家乡村振兴局正式挂牌，既是我国脱贫攻坚战取得全面胜利的一个标志，也是全面实施乡村振兴，奔向新生活、新奋斗的起点。

乡村振兴是2017年党的十九大确定的一个新战略，总体要求是“产业兴旺、生态宜居、乡风文明、治理有效、生活富裕”，是在全面建成小康社会之后，推进乡村经济社会持续发展，最终实现共同富裕，建设社会主义现代化强国的战略抉择。

2018年5月，中央政治局审议了中央农办制定的《国家乡村振兴战略规划（2018—2022年）》，将乡村振兴与精准扶贫有效衔接了起来，是新时代推进我国乡村进一步发展的纲领性文献。

湖南作为一个传统的农业大省，在十九大提出乡村振兴战略之后，就积极探索乡村振兴之路。2018年9月7日，湖南省委、省政府颁布了《湖南省乡村振兴战略规划（2018—2022 年）》。

2021 年 4 月 30 日，湖南省乡村振兴局揭牌亮相，成为全国第一个正式成立的省级乡村振兴局。

浔龙河村位于湖南省长沙县果园镇，尽管距离长沙市区不到 1 个小时的车程，但在 10 年以前，1800 多名村民分散居住在 7.8 平方公里的山冲里。“山多、闭塞、贫困”是它的“代名词”，同时，它还是“省级贫困村”。

10 年来，浔龙河村通过党建引领，打造生态艺术特色小镇，推行“农民集中居住、环境集中整治、公共服务集中推进”，引进了 100 多家创客企业，孵化出了土菜街、民宿街、樱花谷、麦咭农场等项目，使浔龙河村从人均可支配收入不足 2500 元，到如今人均年收入 4 万多元。不仅摘掉了“省级贫困村”的帽子，2018 年还入选“中国乡村振兴先锋榜”，2019 年入选“首批全国乡村旅游重点村”和“中国美丽休闲乡村”，乡村振兴之路越走越开阔。

地处“河西走廊”甘肃省张掖市甘州区长安镇的前进村，10 多年前比当时的浔龙河村更贫困。而今，前进村成了人们向往的美丽乡村。

近年来，前进村确立了向现代农业转型发展的思路，成立了 6 个专业合作社，建立了现代化的大型奶牛养殖场，形成了特色优势产业。如今，村经济总量达到 20 多亿元，村民人均年收入近 4 万元。修建了充满现代生活气息的住宅小区，村容村貌焕然一新。与此同时，村民可以享受多种福利，幼儿全免费入托，就医有补贴；60 岁以上的老人有村级养老金，还有多种村级奖励。2020 年前进村入选“第二批全国乡村旅游重点村”。

浔龙河村和前进村，作为中国南方和北方乡村的代表，其发展历程反映了中国现代乡村的发展之路。作为一个有数千年历史的传统农业大国，中国农民自古以来就有着五谷丰登、丰衣足食的美好愿望，经过新中国成立 70 多年特别是新时代以来的发展，在中国共产党的正确领导下，数千年的梦想终于转化为现实，使中国广大乡村成为“望得见山、看得见水、记得住乡愁”的美丽乡村。

今天，在中国广袤的大地上，乡村振兴战略的实施，掀起了乡村建设的热潮，古老的乡村也焕发出了无穷的活力，成为新时代中国经济社会发展新的增长点。

作为新时代的青年，着眼于国家发展大战略，积极投身于乡村振兴的大舞台，在广阔的乡村中干事创业，大显身手，也是实现自身价值的一个新选择。

小康之大

出自《礼记·礼运》的“小康”概念，是中华民族自古以来追求的理想状态。2000多年前，《诗经》里的“民亦劳止，汔可小康。惠此中国，以绥四方”，记录了人们对小康生活的朴素愿望。

2021年7月1日，习近平总书记在庆祝中国共产党成立100周年大会上庄严宣告，“经过全党全国各族人民持续奋斗，我们实现了第一个百年奋斗目标，在中华大地上全面建成了小康社会，历史性地解决了绝对贫困问题，正在意气风发向着全面建成社会主义现代化强国的第二个百年奋斗目标迈进。这是中华民族的伟大光荣！这是中国人民的伟大光荣！这是中国共产党的伟大光荣！”

穿透百年风云。“小康”，这个承载美好生活梦想的古老词汇，数千年来第一次成为这片土地全体人民的真实日子。这是中国共产党团结带领人民创造的伟大壮举。

对14亿中国人来说，“全面小康”蕴含着千钧的力量、无穷的意义，是一个个奋斗者梦想成真的生动写照，也是一个个家庭喜笑颜开的鲜活故事。

十八洞村的幸福生活，梁家河村旧貌换新颜的巨变；快捷的高铁，便利的网络支付；南方的弄堂，北方的胡同；白天的菜市场、公园，晚上下棋的、打拳的、喝茶的、跳舞的……中华大地上，绿水青山间，每一个中国人都把日子过得有滋有味、红红火火、多姿多彩。也正是这些万千喜悦，最终在大江南北汇成了“小康之大”的大成就、大幸福、大喜悦，见证着一场中国社会发展亘古未有的伟大跨越。

1979年底，邓小平在会见时任日本首相大平正芳时指出，“我们要实现的四个现代化，是中国式的四个现代化。我们的四个现代化的概念，不是像你们那样的现代化的概念，而是‘小康之家’。”从此，“小康”这个有着千年历史的古老词汇，开始成为党和国家最重要的政治语汇之一。

端起历史的望远镜回望，直到中国有了共产党，“小康”这一千年梦想才照进了现实。

改革开放以来的40多年，我们党仍不断赋予“小康”这个美好愿景新的时代内涵。

1982年，党的十二大报告描绘了20世纪末达到“小康水平”的宏伟蓝图。

2000年，我国总体上实现了小康水平。党的十六大提出全面建设小康社会的宏伟蓝图。

2012年，党的十八大提出要在全面建设小康社会的基础上，努力实现新的要求——2020年全面建成小康社会。

全面建成小康社会是中国共产党对中国人民的郑重承诺，也是实现中华民族伟大复兴中国梦的关键一步。如今，这一承诺如期兑现，不仅意味着中国经济实力、科技实力、综合国力和人民生活水平跃上新台阶，也为世界上那些既希望加快发展又希望保持自身独立性的国家和民族提供了中国智慧和中国方案，为人类社会的发展作出了巨大贡献。

从“小康水平”到“全面建设小康社会”再到2021年7月1日庄严宣告“全面建成小康社会”，这个彪炳史册的人间奇迹，是中华民族复兴史上的一个重要里程碑，标志着我们第一个百年奋斗目标的伟大实现。彰显了中国共产党团结和带领全国人民全面建成小康社会的事情之大、战略之大、决心之大。

雄关漫道真如铁，而今迈步从头越。已全面建成小康社会的中国人民，如今又意气风发地迈上了实现第二个百年奋斗目标的康庄大道——到2049年，即新中国成立100周年时，把我国建设成为富强民主文明和谐美丽的社会主义现代化强国。

“请党放心，强国有我！”在这个伟大的新征程上，新时代的青年重任在肩，必能用青春、汗水，用中国人的志气、骨气、底气，创造出让世界刮目相看的新奇迹，让中华民族伟大复兴在奋斗中梦想成真！

图书在版编目（CIP）数据

中国青年说 / 共青团湖南省委组编. —长沙：湖南教育出版社，2022.5
ISBN 978-7-5539-8836-8

Ⅰ. ①中…　Ⅱ. ①共…　Ⅲ. ①中国共产主义青年团—历史—青少年读物　Ⅳ. ①D293-49

中国版本图书馆CIP数据核字（2022）第056514号

ZHONGGUO QINGNIAN SHUO
中国青年说

责任编辑：甘　哲
责任校对：杨玖武　王怀玉　朱艳红
装帧设计：杨　捷　郑　琰
出版发行：湖南教育出版社（长沙市韶山北路443号）
网　　址：www.bakclass.com
电子邮箱：hnjycbs@sina.com
客服电话：0731-85486979
经　　销：湖南省新华书店
印　　刷：湖南天闻新华印务有限公司
开　　本：710 mm × 1000 mm　16开
印　　张：20
字　　数：250 000
版　　次：2022年5月第1版
印　　次：2022年5月第1次印刷
书　　号：ISBN 978-7-5539-8836-8
定　　价：45.00元

本书若有印刷、装订错误，可向承印厂调换